Martin Hecht

Lebenskrisen bewältigen

Martin Hecht

Lebenskrisen bewältigen

Die verborgenen Kräfte der Resilienz in uns entdecken

KREUZ

MIX
Papier aus verantwortungsvollen Quellen
FSC® C083411
www.fsc.org

www.kreuz-verlag.de

Umschlaggestaltung: Vogelsang Design
Umschlagmotiv: © Irina Belousa – Fotolia.com

Satz: de·te·pe, Aalen
Herstellung: CPI books GmbH, Leck

Printed in Germany

ISBN 978-3-451-61224-4

Inhalt

Für meine Mutter Regine

Vorwort

Ein froher Mut zwingt jegliches Geschick.
Miguel de Cervantes

Dieses Buch will Mut machen und ist doch keines jener Mut-mach-Bücher um jeden Preis. Keines unter all den vielen »Wird-schon-wieder«-Büchern, die die immer gleiche Durchhalte-Parole formulieren: »Yes, we can!« – Nein, manchmal im Leben kann man eben nicht – und alles kommt auf einen zu wie eine große Tsunami-Welle, die einen zu überrollen und unter sich zu begraben droht. Man braucht eine gewisse Zeit, bis man wieder auf die Beine kommt und einen Weg findet, mit der Krise, in der man mit einem Mal gefangen ist, umzugehen.

Deswegen beginnt dieses Buch mit einer nüchternen Feststellung: Die großen Krisen, die einen überkommen, sind uns nie zu nehmen. Krisen rütteln uns durch, wirbeln uns im Innern durcheinander – und wie wir eine Krise bewältigen, das ist nie vorher abzusehen. Am Ende von Krisen gibt es immer ein beschädigtes, wie auch ein gestärktes Leben – aber eines ist gewiss: Wir wachsen und reifen an unseren Lebenskrisen mehr als an allen anderen Erfahrungen, die es in einem Menschenleben zu machen gibt.

Dieses Buch trägt, wie alle meine Bücher, biographische Züge. Es ist entstanden vor dem Hintergrund meiner eigenen Krise. Es ist die Krise eines Menschen, der 2009 im Alter von 44 Jahren seine geliebte Frau nach einer vierjährigen Brustkrebserkrankung verloren hat und mit einem damals siebenjährigen Sohn zurückblieb. Viele Gedanken, die hier formuliert sind, sind die eines Menschen, der selbst durch ein tiefes Tal ging, und der bis heute manchmal nicht recht weiß, ob er die eigene Lebenskrise wirklich »bewältigt« hat – oder noch mitten drin steckt. Es ist das Buch eines Betroffenen, der selbst Erfahrungen gemacht hat, der über ein persönliches Thema reflektiert, aber nicht nur. Als Autor psychologischer Themen, als den mich vor allem viele Leser der Zeitschrift »Psychologie heute« kennen, habe ich auch recherchiert, was viele andere Menschen in ähnlichen und ganz anderen Lebenskrisen durchlebt haben – und was die Wissenschaft zu diesem Thema zu sagen hat.

Zeitgleich mit dem Aufkommen meiner eigenen Krise, begann ich mich mit Kräften zu beschäftigen, die uns auch beim größten vorstellbaren psychischen Tsunami zur Verfügung stehen, Ressourcen, die in uns verborgen liegen, die wir aktivieren können. Ich habe mich auf die Suche gemacht nach dem, was wir dem Leiden in dieser Welt entgegenzusetzen vermögen. Und habe einiges gefunden, weit mehr, als ich gedacht hatte, als ich aufgebrochen bin.

Mainz, im Frühjahr 2014 Martin Hecht

Einleitung

Das Leben – Schifffahrt auf unsicherem Gewässer

Es gibt im Leben Zeiten, da steuert man sein Schiff voller Entdeckerdrang selbst durch das wildeste Meer, nichts kann einem etwas anhaben. Es gibt auf dieser Fahrt aber auch schlimme Unwetter, in denen die Naturkräfte unser Lebensschiff herumwirbeln, die Wassermassen wie eine Monsterwelle auf uns niederstürzen und drohen, unser Lebensschiff zu zerschmettern.

Es gibt im Leben Zeiten, da fahren wir mit stolz geschwellten Segeln im frischen Wind – und es gibt andere, da ist man nur damit beschäftigt, das Eindringen des Wassers an immer mehr Stellen in der Schiffswand zu verhindern. Wir schöpfen dann Kübel um Kübel aus dem Boot, ohne dass das Wasser weniger wird. Immer hektischer und bald voller Panik, denn das hereindrängende Wasser könnte den Untergang bedeuten. Manchmal gelingt es durch eine große Kraftanstrengung, eine gewisse Menge herauszuschöpfen, ein paar Löcher zu stopfen – und den Untergang abzuwenden. Manchmal aber scheint es eine Sisyphosarbeit zu sein. Ist eines der Löcher gestopft, schlägt eine andere Stelle leck. Wir kommen nicht nach mit unseren Anstrengungen – und auch nicht auf die Idee, es vielleicht besser sein zu lassen, das Boot aufzugeben, von Bord zu springen und einfach loszuschwimmen, uns treiben zu lassen – vielleicht zu einer Küste, die gar nicht so fern ist wie wir glauben.

Das Leben als eine Wegstrecke, die einer zurücklegen muss: In Kunst und Literatur gibt es die Straßen und Pfade über Land als Metaphern für den menschlichen Lebensweg. In den Bildern oder Erzählungen ist es fast immer allein das Wetter, das die Unwägbarkeiten einer solchen Reise ausdrückt, Sonnenschein oder Gewitter, laues Lüftchen oder feindlicher Sturm, Heiterkeit oder Tristesse. Viel häufiger aber haben Dichter und Denker das Leben von uns Menschen mit einer Schiffsreise verglichen. Vielleicht weil dieses Bild noch besser zu unserer existenziellen Befindlichkeit passt. Denn zu den meteorologischen Unwägbarkeiten kommen noch all jene eines mal schwächer, mal stärker schwankenden Untergrundes hinzu, wie sie Lebenskrisen mit sich bringen.

Der Philosoph Hans Blumenberg hat über diese Daseinsmetaphorik ein ganzes Buch geschrieben, es trägt den Titel »Schiffbruch mit Zuschauer«. Ihn hat interessiert, wie Philosophen diese Metapher in ihren Werken gebraucht und wie sie sich im Verlauf der abendländischen Geistesgeschichte im Blick der Denker verändert hat. Der Mensch, der wie ein Schiff auf dem großen Ozean des Lebens fährt, seit Menschengedenken gibt es diesen Vergleich in tausend Mythen und Erzählungen – und auf Bildern. Eines der schönsten Beispiele, wie Künstler diese Metaphorik ausgedrückt haben, ist ein nahezu monumentales Gemälde des Düsseldorfer Künstlers Andreas Achenbach, »Seesturm an der norwegischen Küste«, das im Frankfurter Städel-Museum hängt und bei dessen Anblick mir noch jedes Mal der Atem stockt, wenn ich es wieder betrachte. Ein großes, ehemals stattliches, aber bereits Zeichen der Zerstörung tragendes Segelschiff, das durch ein Unwetter in größte Seenot geraten ist, wird von einem schäumenden, tobenden Meer im peitschenden Sturm hin- und hergeworfen und droht im nächsten Augenblick an einer schroffen Felsenküste zu zerschellen. Wie eine Nussschale erscheint das große Schiff, unermesslich großen Kräften und Gewalten ausgeliefert.

Tatsächlich ist das Bild unseres Lebensschiffes eines, das die großen menschlichen Extreme, in die man während eines Menschenlebens geraten kann, allesamt einschließt: Die von der Sonne beschienene Fahrt bei leichtem Wind auf ruhiger See scheint das Szenario zu sein, in dem wir, das Ruder locker in der Hand, am liebsten und besten Mutes reisen. Es gibt auch die Windstille, den Stillstand, das ziellose Driften, und es gibt das große Unwetter. Ein Unwetter zur See lässt die Wellen anschwellen. Wolkenbrüche ergießen sich und Stürme peitschen. Wo wir zuvor noch das Ruder fest in der Hand hatten, scheint nun das Meer uns in seiner Hand zu haben, uns hin und her zu werfen, zu zermalmen. Das Schiff kann diese Unwetter überstehen und wieder in ruhigeres Fahrwasser geraten, es kann aber auch verschlungen werden von einer Monsterwelle. Vielleicht können wir noch nach einer Holzplanke greifen, und finden Halt an ihr, entkommen so dem Schlund des Meeres – oder aber, wir gehen mit dem Schiff unter und auf diese Weise vielleicht zu Grunde.

Das sich immer in Bewegung befindliche Meer ist ein

Symbol für die Unsicherheit, in die wir Menschen von unserer Geburt an geworfen sind und mit der wir ein Leben lang klar kommen müssen. Wir können das Schiff sicher durch alle Stürme lenken, aber das Meer muss irgendwie mitspielen. Noch dem besten Kapitän wird es nicht gelingen, bei plötzlich aufkommendem Unwetter Kurs zu halten. Jetzt reicht all unsere Kompetenz und unser Wille nicht mehr aus, jetzt brauchen wir Glück, ein günstiges Schicksal. Was aber, wenn die große, gewaltige Welle über uns zusammenschlägt, wenn wir ohnmächtig sind, ausgeliefert höheren Gewalten? Dann stecken wir in einer Lebenskrise.

Welche Krise?

Ich krieg' die Krise! Es scheint, es braucht heute nicht sehr viel, um einen Menschen in die Krise zu führen. In diesem Buch geht es jedoch nur um die echten, großen und existenziellen Krisen, die Menschen durchleben. Um Situationen im Leben, in denen unsere Zuversicht geschwunden ist. Wenn ich von »Lebenskrisen« spreche, dann von solchen, die uns als Menschen in unserer ganzen Existenz bedrohen und unser Fundament schwer erschüttern. Der Verlust von Partnern, Kindern, nahen Angehörigen, überhaupt von geliebten Menschen, dazu tiefer Liebeskummer, schwere Krankheit und Tod, Existenzkrisen, Verlust des Arbeitsplatzes, Mid-Life-Crisis oder Depressionen – all diese Lebenslagen gehören zusammen, weil es in ihnen ums Ganze geht, um die großen Krisen in einem Menschenleben.

Unter einer Lebenskrise verstehe ich dabei einen zeitlich

begrenzten Ausnahmezustand. Am Anfang steht ein Auslöser, ein Todesfall, eine schlimme Diagnose, die Kündigung oder Insolvenz oder ein anderes einschneidendes Erlebnis, das so stark auf uns einwirkt, dass es uns tatsächlich aus der Bahn wirft. Wir sind mit einem Mal vertrieben aus unserem Behaglichkeitsparadies, in dem wir uns eingerichtet haben, nichts polstert uns mehr, nichts gibt mehr Halt und Geborgenheit. Unsere Seele ist chaotisiert. Wir werden von starken Gefühlen überwältigt, die sich meistens in der gleichen zeitlichen Abfolge ablösen, anfangs von Angst, Wut und Zorn, dann allmählich übergehend in Trauer und Niedergeschlagenheit, Ohmacht und Verzweiflung.

Eine Lebenskrise markiert immer eine Phase zwischen zwei Lebensabschnitten, sie ist, so besehen, ein Übergangsstadium. Eine Zeitspanne der Veränderung zwischen einer Zeit, die endgültig zum Abschluss kommt und nun unwiederbringlich hinter uns liegt, und einem unbekannten Abschnitt, der vor uns liegt. Die Krise ist, so kann man zuspitzen, die Zeit zwischen zwei Leben. »Wir müssen ein Leben sterben, ehe wir ein anderes beginnen können«, hat der Literatur-Nobelpreisträger Anatole France einmal geschrieben, und der Philosoph Antonio Gramsci hat ganz zutreffend formuliert: »Die Krise besteht gerade in der Tatsache, dass das Alte stirbt und das Neue nicht zur Welt kommen kann.« Krisen sind persönlichkeitspsychologische Veränderungsprozesse, die wir durchlaufen müssen, dabei stets Prozesse mit »open end«. Daher sind Krisen immer gefährlich. Und erst das ist das eigentlich Typische an diesen Episoden: In ihnen ist immer auch die Möglichkeit eines schlimmen Endes angelegt. Eine Lebenskrise ist stets eine Lebenslage, in der es zwei mögliche Enden gibt: ein gutes oder ein ganz und gar schlechtes.

Wenn eine Lebenskrise tatsächlich ein Übergangsprozess ist, dann wird auch deutlich, dass sie immer mit Trennung und Verlust zu tun hat. Das steckt schon im Wort »Krise«, das vom griechischen Verb »kritein« kommt, was im Kern so viel bedeutet, wie etwas von etwas anderem zu scheiden, abzutrennen, im übertragenen Sinn »etwas verabschieden« oder »sich von etwas verabschieden«. Meistens ist dieses »etwas« ein ganz konkreter Mensch, es kann aber auch eine liebgewonnene Situation sein, ein Zustand, der uns lange Halt gegeben und uns stabilisiert hat, den wir nun aufgeben müssen, ein schmerzlicher Verlust, den wir ausnahmslos so empfinden, als sei uns da etwas von einer unbekannten gnadenlosen Hand genommen worden.

Nach diesem Wegreißen, nach dem Getrennt-Werden, bleiben wir allein zurück. Die Grundbefindlichkeit der Krise ist daher immerzu eine große Einsamkeit, in der die Zeit um uns herum still zu stehen scheint, in der wir auf uns zurückgeworfen sind, nicht erreichbar für andere, untröstlich, abgeschnitten von der Welt, den anderen oder einem Zusammenhang, den man einen Lebenssinn nennen könnte. An der Stelle, die vor der Trennung von dem ausgefüllt war, was jetzt so schmerzhaft fehlt, klafft eine Lücke, sie klafft aber auch in uns selbst, aus uns selbst ist ein Stück herausgebrochen. In unseren Lebensbaum hat der Blitz eingeschlagen, womöglich so stark, dass selbst starke, tragende Äste abgerissen wurden. Wir fühlen so etwas wie Phantomschmerzen an all den Stellen, die uns nun fehlen. Menschen in Lebenskrisen fühlen eine große Leere, so wie sie um jenen herrscht, der in einem großen Loch sitzt, eine Leere, die immerzu schmerzt.

Ende der Illusion

Zu Einsamkeit und Schmerz kommt eine große Ungewissheit über die Zukunft. Menschen in schweren Krisen empfinden ihr Leben wie in nicht enden wollender Dunkelheit oder doch eingehüllt von undurchdringbaren Nebeln. Die Krise ist eine Krise, weil wir keinen Plan B zur Verfügung haben und uns ohnmächtig erleben. Zur Krise unmittelbar gehört daher immer auch ein geschwundenes Selbstvertrauen, fundamentale Selbstzweifel, die Krise aus eigenen Kräften meistern zu können. Eine Krise ist immer das subjektive Empfinden eines Energiemangels. Man meint, zu wenig Energie zu haben, um die Lage aus eigener Kraft zu meistern, ein gutes Ende herbeizuführen: Man ist an einer Grenze. Das, was da über einen kommt, erscheint übermächtig.

Genau genommen wandeln wir jedoch für die gesamte Dauer unserer Existenz auf Erden gleichsam unter einem unsichtbaren Damokles-Schwert. Die Sicherheit, in der wir uns wiegen, ist immer eine Illusion – auch in den Tagen unseres leichten Lebens. Wir sind immer von Tod und Katastrophen bedroht, nur verdrängen wir es die meiste Zeit über erfolgreich. Nur selten, etwa wenn man während einer Autobahnfahrt einen schweren Unfall bezeugt, vielleicht mit schrecklichen Bildern im Kopf die Unfallstelle passiert, nur gelegentlich tritt uns die eigene Gefährdung, die eigene Vergänglichkeit, das eigene Ende wieder ganz nahe. Das eigene Leben ist jedoch immer bedroht, selbst an sonnigen Sommernachmittagen. Ein bekanntes Beispiel dafür ist das Schicksal des Schriftstellers Ödön von Horváth, der am 1. Juni 1938 im vollen Leben stehend nach einem Treffen mit dem Regisseur Robert Siodmak in einem Pariser Café während eines aufziehenden Gewitters mitten auf den Champs d'Élysées von einem herunterstürzenden Ast getroffen wurde – und sofort tot war. Er hatte eine Sekunde vorher bestimmt nicht damit gerechnet, dass er an diesem Tag sterben würde. Das Ende ist immer um uns, nur blenden wir es, zum Glück, die meiste Zeit über gekonnt aus.

Lebenskrisen sind nicht so sehr Lebenslagen, in denen wir plötzlich in unserer Existenz bedroht sind, sondern viel mehr solche, in der wir diese immer anwesende Möglichkeit des eigenen Untergangs nicht mehr verdrängen können, in denen uns unsere Ohnmacht und Verzweiflung so sehr zusetzen, dass all unsere aufgebotenen Abwehrmittel ihre Wirkung verfehlen, die Sicherheitsillusion über unser Leben weiterhin aufrechtzuerhalten. In der Krise herrscht Chaos, unser Fundament gerät kräftig ins Wanken, jetzt tun sich Abgründe auf. Jetzt droht unser Lebensschiff zu kentern.

Was bedeutet »bewältigen«?

Wie soll man etwas bewältigen, was einen überwältigt? Wenn es das Wesen der Krise ist, dass sie uns wie eine große Welle überrollt, dass wir mitgerissen werden – und uns nichts anderes übrigbleibt, als die Kontrolle über unser Geschick aufgeben zu müssen, was ist dann von uns noch zu bewältigen? »Bewältigen« kann nicht bedeuten, das havarierte Lebensschiff wieder unter die eigene Gewalt zu bekommen, sondern vielmehr, mit den unberechenbaren Wogen leben zu lernen oder, wie es Psychologen nennen, die eigene »Ambiguitätstoleranz« zu erhöhen. Es geht darum, einen neuen Modus zu finden, nicht mehr wie ein Korken auf der Welle hin und her geworfen zu werden, sondern innerlich wieder so fest zu werden, dass sich die Gefühle, die durch die Krise ausgelöst wurde, beruhigen und sie selbst ins eigene Leben integriert werden kann. Denn eines lehrt die Erfahrung: Von einer Lebenskrise übermannt zu werden, muss nicht unbedingt heißen, den starken Gefühlen, die sie begleiten, schutzlos ausgeliefert zu sein. Von der Krise überwältigt sein, bedeutet noch lange nicht, auch von der Angst überwältigt zu bleiben, von Ohnmacht und Verzweiflung. Die Krise können wir nicht abwenden – aber den Umgang mit der Angst erlernen, wenigstens sobald die Wirkungen des Anfangschocks abgeklungen sind. Auch wenn sich die Krise scheinbar unverdränglich festgesetzt hat, so haben wir es doch in der Hand, wie wir mit ihr umgehen. Die Krise bleibt, aber die Angst nicht unbedingt. In uns stecken starke Gegenkräfte, die ein wirksames Gegengewicht gegen die Angst bilden. Wir sind unseren Schicksalsschlägen und Existenzkrisen nicht wehrlos ausgeliefert.

Widerstandsfähigkeit – Resilienz

Unter Resilienz versteht man in der Psychologie die innere Widerstandkraft, die uns zur Verfügung steht, um mit unseren Krisen fertig zu werden. Das Wort kommt aus dem Lateinischen und ist eine Ableitung des Verbs »resilire«, was so viel bedeutet wie »abprallen« oder »zurückprallen«. Resilient sein bedeutet, in der Bewältigung einer Lebenskrise auf eigene, oft im Verborgenen schlummernde Ressourcen zurückgreifen zu können. Wie widerstandsfähig sind wir in der Krise? Die Antwort gibt das Quantum an Resilienz, das in uns steckt.

Die Resilienz-Forschung kommt aus den Vereinigten Staaten und wurde durch Beobachtungen ausgelöst, die Wissenschaftler schon in den siebziger Jahren gemacht haben. Langzeitstudien, wie jene der Entwicklungspsychologin Emmy Werner aus dem Jahr 1977 – veröffentlicht unter dem Titel »The Children of Kauai« – zeigten, dass es unter den fast 700 untersuchten Kindern der Hawaii-Insel Kauai, die unter denkbar ungünstigen Startbedingungen wie Armut oder Krankheit aufwachsen mussten, dennoch gut ein Drittel gab, das sich dessen ungeachtet ganz und gar positiv entwickelte. Ganz ähnlich in ihrer grundsätzlichen Aussage war eine andere US-amerikanische Untersuchung, die der Medizinsoziologe Anton Antonovsky schon 1970 durchführte. Er ermittelte darin unter Frauen, die lange Zeit in Konzentrationslagern inhaftiert waren und Schreckliches erlebt hatten, ebenfalls einen hohen Prozentsatz von solchen, die trotz aller erlittenen seelischen und körperlichen Grausamkeiten später ein normales, ja sogar glückliches Leben führen konnten. Das Fazit lag auf der Hand: Offenbar gibt es nicht wenige Menschen, denen auch noch das härteste Schicksal nichts anhaben kann, weil sie in der Lage sind, seelische Widerstandskräfte zu mobilisieren, die sie in sich tragen: Sie sind »resilient«.

Resiliente Menschen haben ein bestimmtes psychologisches Profil, auf das man immer wieder stößt: Sie zeichnen sich dadurch aus, dass sie auch in der Krise ein hohes Maß an Optimismus mitbringen, die weniger erfreulichen Zustände, in denen sie leben müssen, dennoch akzeptieren können, dabei aber stets lösungsorientiert vorgehen. Sie verharren also nicht in einer Opferrolle, sondern übernehmen Verantwortung, gehen selbstbewusst soziale Beziehungen ein, nehmen die Gestaltung ihrer Zukunft selber in die Hand. Genau besehen vereint das Konzept der Resilienz zweierlei Kraftressourcen von Menschen in Lebenskrisen. Das eine sind jene, die uns sozusagen mit besseren Waffen ausrüsten, so dass wir der Krise selbst effektiver zu Leibe rücken, ja, sie überwinden können, und wenn nicht das, so ihr doch so viel entgegensetzen können, dass ihr Ausmaß weitaus weniger dramatisch erscheint als zuvor. Man könnte diese Ressourcen unsere aktiven Krisenbegegnungskräfte nennen, da sie eine unmittelbare entdramatisierende Auswirkung auf die subjektiv empfundene Schwere einer Krise haben und damit zu einem leichteren Umgang mit der Krise selbst führen. Diese Kräfte grenzen die Krise ein, verkleinern sie und nehmen ihr so den Charakter der Uferlosigkeit.

Die anderen Energien könnte man dagegen unsere Erduldungskräfte nennen. Sie helfen uns vor allem in solchen

Krisen die seelische Last besser zu tragen, in denen die gefährliche Ursache oder das enorme Ausmaß der Krise selbst nicht zu beeinflussen ist, etwa bei einer Erkrankung, bei der kaum noch Hoffnung auf Heilung besteht. Solche Kräfte, die uns widerstandsfähiger machen, machen die Bedrohungsdimension einer Krise zwar selbst nicht kleiner, sie lassen uns jedoch die damit verbundene Lebenslage besser ertragen.

Resilienzkräfte lassen uns besser mit Krisen fertig werden, indem wir spüren, dass wir bei allem, was uns Energie abzieht und erschöpft, schwächt und schmerzt, immer auch viel Energien besitzen, von deren Existenz wir ursprünglich oft gar nichts wussten, oder aber solche, die uns erst zusammen mit der Krise zuwachsen, auch wenn wir sie anfänglich vielleicht gar nicht bemerkt hätten. Solche also, die schon immer in uns verfügbar waren und jetzt aktiviert werden können, aber auch Kräfte, die erst im Angesicht der Tsunami-Welle in uns neu entstehen.

Um unsere seelischen Widerstandskräfte in Lebenskrisen darzustellen, gibt es verschiedene Bilder. Eines davon ist jenes von Meeresvögeln, die starke Gegenwinde als Aufwinde zu nutzen wissen. Oder um in unserem Bild von der Riesenwelle zu bleiben: Ist es vielleicht nicht auch möglich, die Kraft der ungeheueren Welle, die uns da zusetzt, produktiv zu nutzen? Vielleicht indem wir wie ein Surfer auf ihrem Wellenkamm reiten? Oder weniger tollkühn, wenn wir uns mitreißen lassen, mit ihr schwimmen und uns vielleicht wundern, an welches Ufer sie uns spült?

In diesem Buch sollen insgesamt sechs dieser seelischen Widerstandskräfte behandelt werden, die jede für sich eine Reaktionsmöglichkeit auf jene Gefühlslagen ist, die zu einer Krise gehören. Ich möchte in den folgenden Kapiteln zeigen, wie aus Niedergeschlagenheit Mut werden kann, aus Isolation neue Verbundenheit, aus Leiden am Leben Freude an seiner Schönheit, aus Angst und Verkrampfung Ruhe und Entspannung, aus Starre und Lähmung Humor und Befreiung, und schließlich aus Verzweiflung Akzeptanz.

1. Kapitel
Lebensmut

Im Hafen ist ein Schiff sicher,
aber dafür wurde es nicht gebaut.
Buddhistische Weisheit

Mut ist eine sonderbare Tugend. Meistens fehlt er uns ausgerechnet dann, wenn wir ihn dringend brauchen – in wirklich tiefen Lebenskrisen. Mut scheint eine knappe Ressource zu sein, eine psychische Mangelware. Aber, wenn er sich schon so rar macht – gibt es nicht doch Wege, wie ihn jeder in sich erwecken kann?

Mut im menschlichen Leben ist reserviert für die großen, wirklich existenziellen Lebenskrisen. Bei kleineren Zwischenfällen kommen wir noch gut und gerne mit Hartnäckigkeit, Disziplin und erhöhter Tatkraft aus, um ans Ziel zu gelangen. Mut erst ist das Mittel für die absoluten Notfälle im Leben. Wenn wir mit dem Rücken zur Wand stehen, wenn uns das Wasser bis zum Hals reicht – oder, wenn wir wirklich im Sturm des Lebens stehen, ein Sturm, der zum Orkan angeschwollen ist, ja einer, der vielleicht unser Lebenslicht ausblasen könnte: dann kommt seine Stunde. Mut entsteht in der Angst, in der Todesangst, in jener alles umfassenden existenziellen Angst, die Paul Tillich die Angst vor der Leere und dem Nicht-Sein nennt. Mut ist ein »Trotzdem« der menschlichen Seele – das wir auch dann noch aussprechen, wenn vieles, vielleicht sogar alles gegen das Leben spricht.

Erst wenn wir die Katastrophe nicht mehr leugnen, wenn wir nicht mehr weglaufen, uns nicht mehr ablenken oder betäuben können, sondern bereit werden, sie anzuerkennen: wenn wir ins Auge des Tigers blicken müssen, der da mit aufgerissenem Rachen vor uns steht und wissen, wir müssen hineingehen in eine nie da gewesene Herausforderung, ganz egal ob eine lebensbedrohliche Erkrankung, ein Unglück, ein Verbrechen, das uns zugefügt wird oder das eigene nahende Ende: Erst jetzt können wir mutig werden – lebensmutig. William Faulkner wird der Ausspruch zugeschrieben: »Mancher wird erst mutig, wenn er keinen anderen Ausweg mehr sieht.« Und Friedrich Nietzsche fragt den modernen Menschen, dem kein Gott mehr hilft: »Wer den Abgrund sieht, aber mit Adlers-Augen, wer mit Adlers-Krallen den Abgrund fasst: der hat Mut!« Ein letztes Mittel zu sein, darin steckt das Charakteristische des Mutes: Nie mobilisieren wir ihn, wenn wir um eine gute Zukunft als Lohn aller Anstrengungen wissen. Bezeichnend ist viel mehr, dass Mut keine Erfolgsgarantie kennt.

In ihm ist daher immer das Scheitern angelegt, es gibt keine Vollkasko-Versicherung für den Sprung ins Ungewisse: Mut birgt stets ein Wagnis in sich. Und doch, es stimmt nicht ganz. Denn wer ins Unbekannte springt, überwindet stets wenigstens das eine: die nicht mehr länger auszuhaltende Unbestimmtheit seiner Angst. Diese löst sich auf. In jedem Fall – auch wenn der Ausgang des Albtraums ungewiss bleibt.

Hat jeder Mut?

Aber wie ist das mit dieser Ressource? Wem steht sie zur Verfügung? Und wem nicht? Ist die Welt nicht doch eingeteilt in Angsthasen, Hosenscheißer und den anderen, den Draufgängern, Tollkühnen, Tausendsassas? Ist Mut eine Gabe – dem einen gegeben, dem anderen nicht? So wie das Freud vom Humor sagte? Keinesfalls. Es gibt tatsächlich viele, viele Beispiele von eher unauffälligen, oder gar scheuen Zeitgenossen, die im Angesicht größter Gefahren zu beherzt zupackenden Menschen geworden sind. Georg Elser etwa, oder der U-Bahn-Fahrgast Dominik Brunner, der Kindern half und dafür mit seinem Leben bezahlte – oder all jene Helden, die in die Fluten reißender Ströme stürzen, um ihre Kinder zu retten und dabei ihr eigenes Leben aufs Spiel setzen, und oft genug bei den Rettungsaktionen selber ertrinken.

Mut ist eine Ressource, die in uns allen schläft. Ein wundervolles Beispiel hat Stefan Zweig in seinem bekannten Buch über Marie Antoinette gegeben. Er untertitelte es mit »Bildnis eines mittleren Charakters«. Das eigentümliche, heute nicht mehr gebräuchliche Wort »mittlere« meint allem Anschein nach mittelmäßig, durchschnittlich. Zweig zeigt in dieser atemberaubenden Darstellung, wie sich der »mittlere« Charakter dieser ausschließlich dem eigenen Lustprinzip gehorchenden französischen Königin, eine Person ohne jede Courage, nicht für andere, nicht für sich, zum Ende hin gewandelt hat. Schritt für Schritt, je klarer ihr wurde, dass sie dem Fallbeil der Revolution nicht entkommen würde. Vom Lebekind, der Verschwenderin und Ignorantin ist nichts geblieben – am Ende wird sie zu einer wirklich charakterstarken Frau, die im Angesicht des Schafotts unendliche Größe – oder »Festigkeit«, wie Zweig es nennt – zeigt, eine, die ihr Schicksal fest in den Blick nimmt, und bei allen Demütigungen, die man ihr antut, gefasst ihrem Ende entgegen schreitet. »Festigkeit« – das ist die zentrale Kategorie, um die sich alles dreht. Wir werden im nächsten Kapitel auf sie zurückkommen.

Eine ganz andere Mut-Geschichte, wenn auch eine mit Happy End, ist die der Juliane Koepcke. Über vierzig Jahre ist es her, da überlebte sie als damals 17-jähriges schüchtern-scheues Mädchen als einzige von 91 Passagieren einen Flugzeugabsturz über dem südamerikanischen Dschungel. Das Flugzeug, in dem sie saß, zerbrach in einem infernalischen Gewitter. Sie stürzte aus einer Höhe von 3000 Metern im freien Fall, landete, angeschnallt an ihren Sitz, auf dem Dach der Baumkronen der Urwaldriesen und fand sich schließlich auf dem feuchten Boden des Regenwaldes wieder – nur leicht verletzt. Zehn Tage und zehn Nächte verbringt das Mädchen im Dschungel, bevor sie auf Zivilisation stößt – und gerettet wird. Den Absturz selber hat Juliane Koepcke als etwas in Erinnerung, was viel zu schnell verlief, als dass sie wirklich Zeit gehabt hätte, Angst oder gar Mut zu entwickeln. Aber die Nächte, die im Dschungel folgten, waren die schrecklichste Zeit in diesen Tagen, sagt sie noch heute. Sie habe nicht nur große Angst gehabt, sondern auch eine grenzenlose Verlassenheit gefühlt. Stockdunkle Nächte im Urwald, in denen man nicht einmal die Hand vor Augen sah. »Einmal war ich am Flussufer eingeschlafen und plötzlich tappte etwas Größeres auf mich zu«, erzählt sie, »es war so, dass es immer näher kam, und es schnaufte und keuchte, ich konnte es zuerst nicht zuordnen, da habe ich große Angst empfunden, ich habe mich dann geräuspert und gehustet, aber in dem Moment hat sich das Tier viel mehr erschrocken als ich und ist dann in Panik weggelaufen.« Wie kann ein Mensch das alles überstehen?

Mut aus sich selbst heraus schöpfen

Wenn wir mutlos sind, brauchen wir andere, die uns ermutigen. Mut ist also ganz sicher eine soziale Ressource. Ein Fluidum einer Hilfsquelle, das uns jene spenden, zu denen wir Vertrauen haben: das aufrichtende, erbauende Gespräch, die Ermutigung in der Not, etwas zu wagen, an unsere Stärke zu glauben, dazu brauchen wir manchmal Freunde. Sozialkontakte können Sorgen, Ängste ganz wesentlich erleichtern.

Aber was ist, wenn man mutterseelenallein ist – allein auf sich gestellt wie die junge Juliane Koepcke im Urwald? Und selbst wenn uns einer zur Seite steht, sind wir trotz aller engen, treuen, lieben Gefährten am Ende nicht immer irgendwo allein? Sind wir nicht alle im existentialistischen Sinne ganz, »einsam« in diesen großen Lebenskrisen, die wir alle, spätestens zum Ende unseres Lebens hin, durchschreiten müssen, weil uns tatsächlich niemand die Grundangst unseres Daseins nehmen kann – und weil der Satz doch zutrifft, mit dem Hans Fallada seinen berühmten Roman betitelt hat: »Jeder stirbt für sich allein«?

Menschen in höchster Einsamkeit machen immer wieder eine ermutigende Erfahrung. Wenn keiner da ist, der einem Mut macht, dann machen sie sich selber Mut. »Ich habe mit mir geredet«, sagt Juliane Koepcke heute, »laut – und das war sicher ganz wichtig, vor allem in diesen so unendlich schwarzen einsamen Nächten. Da war ich sehr erschöpft, und bin bald eingeschlafen, aber ich konnte nicht durchschlafen, weil der Boden sehr hart war. Wenn es regnete und ich auch noch von Mücken gepiesackt wurde, sowieso nicht. Ich wachte also immer wieder auf, und ich habe sehr viel mit mir gesprochen. Ich habe immer wieder gesagt: »Heute war es nichts, morgen wirst du sicher Hilfe finden, du schaffst das, du musst weitermachen, du wirst das sicher überstehen!«

Wer in ihr hat da zu ihr gesprochen, wer sprichst in solchen Lagen zu uns mit der Anrede »du«? Es ist eine innere Person, die in jedem wohnt – und auf die ich im nächsten Kapitel näher eingehen werde, ein Alter Ego im Unterbewusstsein, einer, den jeder in sich aufsuchen kann und der uns zuverlässig zur Seite steht, wenn wir ihn brauchen. Sich so selbst Mut machen – das nennt die US-amerikanische Autorin Lucinda Bassett »positive Selbstinstruktion«, eine Art Selbstmotivation, mit deren Hilfe etwa Phobiker oder Patienten, die an generalisierten Angststörungen leiden, wirksam ihren Ängsten begegnen können. »Bitte, bitte, lieber Gott, mache, dass …!« – so fangen die Gebete Verzweifelter an – und was ist ein Gebet anderes als eine Art Gespräch mit einem Helfer in der eigenen Fantasie, bei dem man hofft, dass es auf dessen offene Ohren stößt?

Wissenschaftler haben nachgewiesen, dass Gebete auch »neurologisch« Mut machen. Tobias Esch, Professor für Integrative Gesundheitsforschung an der Hochschule Coburg, hat diesen Effekt so erklärt. »Viele Studien zeigen, dass durch die Aktivierung von bestimmten Zentren im Gehirn ein Entspannungsmechanismus letztlich im ganzen Körper aktiviert wird. Dieser Entspannungsmechanismus ist ein Gegenspieler der Stressantwort: Das heißt, das, was Stress mit uns macht, nämlich, dass wir kämpfen oder fliehen wollen, lässt sich auf physiologischer Ebene durch die sogenannte Entspannungsantwort entgegnen. Und Gebete können genau diese Antwort geben.«

Augen zu und durch

Barbara Tuchman hat in ihrer wunderbaren Chronik zum 14. Jahrhundert »Der ferne Spiegel« über die Zeit des schwarzen Todes geschrieben, über die Pest, der mehr als ein Drittel der europäischen Bevölkerung zum Opfer fielen. Sie beschrieb darin panische, von Todeserwartung geschüttelte Dorfbewohner in der Picardie, »wie sie zu Klängen von Trommeln und Trompeten tanzten; gefragt warum, antworteten sie, dass sie glaubten, sie könnten die Seuche durch ihre Fröhlichkeit fernhalten«. Was taten sie anderes als – »kontraphobisch«, wie man in der Psychologie sagt – zu versuchen, sich so gegenseitig Mut zu machen? Heute führen die neuseeländischen All-Blacks vor einem Rugby-Länderspiel ihren legendären Haka-Kriegstanz, einen traditionellen Ritualtanz der Maori, auf, brüllen dazu und klatschen sich auf die Schenkel. Menschen haben zu allen Zeiten, wenn sie Angst verspürten, versucht, Mut herbeizutrommeln, herbeizuschreien. Ein Lied laut zu singen, sich auf die Brust zu schlagen. Die Gesten schüchtern nicht nur den Gegner ein, sondern machen zuversichtlich, der bevorstehenden Aufgabe gewachsen zu sein.

Aber nicht nur durch solche Riten, die uns einen Adrenalinstoß verpassen können, wecken oder steigern wir unseren Mut, sondern oft auch, indem wir schlicht auf Durchzug schalten. Nach dem Motto: Augen zu und durch. Das »Hagakure«, das um 1700 entstand, ist in der japanischen Literatur so etwas wie der Knigge für einen richtigen Samurai-Ritter. Demnach fällt ein echter Samurai die wesentlichen Entscheidungen, bei denen es im Kampf um Leben oder Tod geht, in höchstens sieben Atemzügen. Dann wird nicht mehr über das Problem nachgedacht. Das Zukunftskontrollorgan der vorausschauenden »Ratio« wird gleichsam überlistet, der Samurai stürmt mit lautem Geschrei durch die Vordertür in die Höhle des Löwen, ohne auch nur einen Gedanken an den eigenen Tod zu verschwenden. Mut besteht darin, sich zu einer Entscheidung zu trauen, in der der Ausgang einer Handlung nicht mehr kontrollierbar ist. Mut ist, das Kontrollorgan auszuschalten, sich der Ungewissheit vollkommen auszuliefern und, um in unserem Anfangsbild zu bleiben, vom untergehenden Schiff in die peitschenden Wellen zu springen. Dieser Reflex entfesselt tatsächlich oft ungeahnte Kräfte.

Mut kommt mit der Angst

»Sorgt euch nicht, was ihr reden sollt, und bedenket es auch nicht zuvor, sondern was euch zu der Stunde gegeben wird, das redet. Denn ihr seid's nicht, was da redet, sondern der heilige Geist.« (Lukas 21,14–15) Es war die nur allzu berechtigte Furcht früher Gläubiger in der Anfangszeit der Christenheit, die wegen ihrer Religion vor Gericht gestellt wurden – und von der Todesstrafe bedroht waren, auf die diese Bibelstelle Bezug nimmt. »Sorgt euch nicht!«, sagt der Evangelist, »ihr werdet im entscheidenden Moment eingegeben bekommen, was ihr den Richtern sagen sollt!« Ist es so auch mit dem Mut? Vieles spricht dafür.

Juliane Koepcke, war ein eher verzagtes Mädchen damals, als sie vom Himmel fiel – aber sie beschreibt den eindrucksvollen Prozess eines ungeahnten Zuwachsens enormer innerer Stärke: »Es war wirklich so, dass sich meine Kräfte entwickelt haben, während der Tage, die ich im Dschungel verbrachte. Obwohl es von Tag zu Tag hoffnungsloser wurde, ist mein Wille stärker geworden. Es war für mich nie ein Thema sitzenzubleiben und nichts mehr zu tun. Natürlich kamen solche Gedanken immer wieder mal, aber ich hatte immer ein Durchhaltevermögen – und das ist mir wirklich zugewachsen.« Mut kann man aus sich selbst heraus entfesseln. Ja, man kann sagen, er kommt tatsächlich über einen, wenn man ihn braucht. Man wächst nicht nur nach einem durchlittenen Trauma, wie die *posttraumtic growth research* behauptet, sondern der Reifeprozess setzt schon während der akuten Phase einer lebensbedrohlichen Situation in uns ein, er vermehrt sich in uns Stunde um Stunde, macht, dass wir in der Gefahr mit der Bedrohung auf Augenhöhe kommen.

Viele vor uns haben es schon erlebt: wenn das Ende ganz nahe ist, wenn die Angst nicht mehr auszuhalten ist, wenn es kein Entrinnen mehr gibt und jene letzte vernichtende Welle in der nächsten Sekunde über uns zusammenschlägt: dass sie dann plötzlich, wenn das Ende unausweichlich erscheint, von aller Angst wie schlagartig frei werden. Dann, schreibt der Psychologe Karlfried Graf Dürckheim, wenn auch die innere Abwehr aufgegeben wird und man das Unannehmbare annimmt, dann gibt es den Moment des Spürens, ja Wissens, dass etwas im Menschen »da und lebendig ist, an das kein Tod und keine Vernichtung herankommt, ja mit dem, was in der Welt Tod heißt, überhaupt nichts zu tun hat.«

Mut wurzelt im Glauben und Vertrauen

Thomas Burger war 1988 mit 24 Jahren ein zwar noch sehr junger, aber schon recht erfahrener Bergsteiger. In diesem Jahr wollte er mit einem Freund die Eigernordwand durchsteigen. Ein Wettersturz zog auf, sie gerieten in Bergnot. Im tosenden Schnee- und Eissturm versuchten die beiden, nach unten zurückzuklettern, mussten den Abstieg aber auf halber Strecke abbrechen, kauerten stunden-, schließlich tagelang auf einem Felsvorsprung. Weil sie zuvor niemandem von ihrer waghalsigen Bergtour erzählt hatten, wurden die beiden in einer schier endlosen Zeit, die nun anbrach, von Bergungsmannschaften auch nicht sofort gesucht, als sie am

Abend nicht zurückgekehrt waren. Acht Tage lang saßen Burger und sein Partner bei eisigen Temperaturen im Schneesturm in schwindelnder Höhe im Fels fest – und wurden erst im allerletzten Moment mehr tot als lebendig mit schweren Erfrierungen gerettet. »Wir haben versucht, uns warm zu halten«, erinnert Burger sich heute noch, »die Hände warm zu reiben, an die Füße kamen wir nicht mehr heran. Wir haben auch lang versucht, einfach nicht einzuschlafen, wir hatten die Überzeugung, wenn wir jetzt einschlafen, dann driften wir weg, dann sterben wir. Wir haben uns wachgerüttelt, haben es natürlich nicht geschafft und sind immer wieder eingeschlafen und doch wieder aufgewacht. Es war so eine Wellenbahn an mutigen und an resignativen Momenten. Es gab Phasen, als Mutlosigkeit eintrat, in denen du denkst, jetzt hast du gekämpft und gekämpft, es hilft nichts, du kommst allein nicht heraus. Es wird dich niemand suchen. Ja, und dann kommt doch wieder dieser eine Hoffnungsschimmer, die Überlegung: »Du musst am Leben bleiben!« Aber, so erinnert er sich, ihm sei auch Mut zugewachsen in dieser Zeit. »Ich bin kein tief religiöser Mensch, aber diese tiefe innere Überzeugung, die war bei mir immer da. Bis auf diesen letzten Tag in der Wand hatte ich diese tiefe innere Überzeugung. Wenn man möchte, kann man sagen, da war etwas, etwas Göttliches, ein göttlicher Funke. Es gibt jemand, der mich beschützt, und es kann nicht sein, dass ich jetzt in dieser Wand sterbe.«

»Fürchtet euch nicht, denn ich bin bei euch.« Wer glauben kann, ist nicht allein. »Der Herr ist mein Hirte, nichts wird mir fehlen«, heißt es in Psalm 23. »Muss ich auch wandern in finsterer Schlucht, ich fürchte kein Unheil; denn Du bist bei mir, dein Stock und dein Stab geben mir Zuversicht.« Thomas Burger hat bis zuletzt seinen Glauben nicht verloren, vielleicht hat ihn auch das gerettet.

Aber auch wer heute nicht mehr an einen Gott, an irgendeine Transzendenz glaubt, findet in solchen Extremlagen nur allzu oft ein Vertrauen in etwas Übergeordnetes, Größeres, Höheres. Es gibt hundert Geschichten, in denen eingefleischte Atheisten, die am Abgrund standen, ihren Gott, ihren Glauben gefunden haben. Eng mit dem Glauben an eine göttliche Kraft verbunden ist der Glaube an sich selbst: das Vertrauen in sich und in die eigenen Kräfte. »Ich glaube, jeder ist in der Lage, ungeahnte Kraftreserven zu entwickeln, und auch Lebensmut«, meint Juliane Koepcke heute rückblickend. »Wenn man mich vor dem Absturz gefragt hätte: ›Würdest du so etwas schaffen?‹, dann hätte ich bestimmt ›Nein!‹ gesagt. Aber danach habe ich das ganz anders gesehen, da habe ich mehr Selbstbewusstsein, mehr Kraft, mehr Lebenskraft gehabt, herausgezogen aus meinen Erlebnissen und glaube wirklich, dass jeder in der Lage ist, viel, viel mehr zu leisten, als er sich zutraut.«

Sich Mut erarbeiten – Die Angst in kleine Stücke zerlegen

Die birmesische Friedensnobelpreisträgerin Aung San Suu Kyi, eine unglaublich mutige Politikerin unserer Zeit, eine Frau, die unsagbar viel Erniedrigung und Unterdrückung erleiden musste, spricht davon, dass der Mut viel wichtiger sei als die durch eine Gabe verfügbare Furchtlosigkeit. Mut ist für sie durch »Beharrlichkeit erworben« und entsteht daraus, »dass man sich weigert, Angst die eigenen Handlungen diktieren zu lassen«, sagte sie einmal in einem Interview. Nach ihr kann man am eigenen Mut »arbeiten«, ja, man muss es vielleicht, da er sich nicht so ohne weiteres einstellt. Nicht wie die Angst kommt er quasi schockartig über uns, sondern man muss etwas dafür tun, um ihn aus seinem Schneckenhaus zu locken. Das gelingt, wenn man die Angst, die ihn herausfordert, bildlich gesprochen in viele Einzelteile zerlegt. Thomas Burger kennt dies aus eigener Erfahrung. »Was mir geholfen hat«, fällt ihm ein, »war, nicht ans Ende zu denken, sondern nur den nächsten kleinen Schritt zu tun, das war bei uns im Schneesturm nur einmal einen Haken zu setzen, und die nächste Seillänge abzuseilen. Wenn wir gleich gedacht hätten, wir kommen bei diesem Wetter nicht runter, dann hätten wir gesagt, es ist unmöglich. Aber zu sagen, nein, nur diese eine Seillänge noch zu schaffen, und dann noch eine und noch eine. Das ist etwas, was mir wirklich geholfen hat.« Die »Beharrlichkeit« von der Suu Kyi spricht, drückt sich darin aus damit aufzuhören, immer wieder an ein mögliches Ende, an das Sterben, den Tod zu denken, der am Ende des Weges durch die Katastrophe stehen könnte. Ein Gedanke, der sich auch in Juliane Koepckes Geschichte wiederfindet: »Ich wusste natürlich nicht«, führt sie aus, »dass ich so viele Tage im Urwald sein würde, das habe ich auch nicht an mich herangelassen. Ich habe immer damit gerechnet, dass ich am nächsten Tag jemanden finde, insofern war diese Geschichte für mich endlich, das heißt, ich habe sie endlich gemacht – und nicht unendlich. Das war für mich ganz wichtig, dass ich nie eine vollkommene Hoffnungslosigkeit an mich herangelassen habe.«

Der Lohn der Angst

Mutig zu werden ist eine Antwort des Menschen auf das Leiden. Die Botschaft des Mutes lautet immer: ich lasse mich nicht unterkriegen vom Leid dieses Lebens! Aber Mut ist nichts, was vom Himmel fällt. Lebensmut ist vielmehr das Ergebnis eines Reifeprozesses, den vor allem jene durchschreiten, die nicht verdrängen, ignorieren, sondern genau hinsehen wollen. Er ist keineswegs ein Gnadengeschenk der Götter, sondern man kann ihm nachhelfen. Sigmund Freud würde vielleicht sagen, ihn durch »Mutarbeit« entstehen und größer werden lassen. Mut bedeutet, sich auf den Schrecken einzulassen – sich der eigenen Lage zu stellen. Mut ist sich öffnen zur Angst hin. Wer aber seine innere Verpanzerung aufgibt, sich auf die Situation »draußen« einlässt, wer auf das Neue, Unbekannte zugeht, macht eine unglaubliche Entdeckung: er überwindet zwar nicht die Angst selbst, aber er versetzt sich bald in einen Zustand, in der er sich von der Angst nicht mehr lähmen lässt. Das ist das Geschenk, das allen Mutigen sicher ist. Wenn dann der Mut über uns kommt, dann werden wir wieder »fest«, bekommen wieder Boden unter die Füße – und sind jetzt »gefeit«. Das Schicksal kann uns nichts mehr anhaben. Mut ist ein grandioses menschliches Mittel, die Seele in Zeiten ihrer höchsten Bedrängnis unversehrt zu halten, durch ihn gewinnen wir innere Sicherheit und Souveränität selbst in der dunkelsten Nacht im Dschungel unseres Lebens zurück.

Von Mut gestärkt hellt sich der Himmel über unserer inneren Welt wieder auf. Wir werden innerlich wieder heil, denn der Mut bringt die Wohlgestimmtheit in unsere Seele zurück. Dieses Element der Gestimmtheit wird deutlich an den schönen alten deutschen Wörtern wie »Frohmut«, »Großmut«, »Edelmut«. Mutig geworden, ändern wir nicht unser Schicksal – aber die Haltung, wie wir ihm begegnen. Darum lässt der große Humorist Cervantes seinen unglücklichen Ritter von der traurigen Gestalt, den Kamikaze-Dauerbruchpiloten und Pechvogel par excellence, Don Quijote von La Mancha, ausrufen: »Ein froher Mut zwingt jegliches Geschick!« So gesehen kann man selbst im Angesicht des unabwendbaren Todes souverän, heil, unverletzt bleiben.

2. Kapitel
Trost und neue Verbundenheit

Mitten im Winter habe ich erfahren,
dass es in mir einen unbesiegbaren Sommer gibt.
Albert Camus

Beziehungen machen stark in Krisen

In der Resilienzforschung hat man herausgefunden, dass sich solche Menschen in Krisen als besonders widerstandsfähig erwiesen haben, die in ihrer Kindheit über feste Beziehungen in der Familie aber auch im Freundeskreis verfügten. Als ebenfalls bedeutsam für einen hohen Resilienz-Level im späteren Erwachsenenalter zeigten sich auch solche tiefer gehenden Beziehungen von Kindern zu Erwachsenen, die zwar nicht zur eigenen Familie gehörten, aber solche nahestehenden Personen umfassten, die als Mentoren, Begleiter oder als väterliche beziehungsweise mütterliche Ratgeber eines heranwachsenden Menschen fungierten. Sichere, liebevolle Beziehungen, generell positive soziale Bindungen und Netzwerke sind die Voraussetzung, dass Kinder Selbstvertrauen entwickeln und lernen, ihre Konflikte selbständig zu lösen. Diese frühen Bindungserfahrungen machen uns später auch in der Krise stark. Sie sind die Ressourcen, auf die wir nun zurückgreifen können. Neue Zuversicht, Hoffnung und das Vertrauen in Rettung, in Heilung, in ein gutes Ende wachsen tatsächlich umso leichter in uns, je mehr einer in seiner Kindheit Erfahrungen gesammelt hat, in denen (Ur)Vertrauen entwickelt und damit die eigene Vertrauensfähigkeit angelegt und gestärkt wurde.

Soweit die Theorie. Das Problem in der Praxis ist nur, dass gerade in den Anfangsphasen einer schweren Krise bei allen Betroffenen, ganz egal, wie viel Resilienz sie auch mitbringen, das Vermögen, sich der persönlichen Krise zu stellen, stark eingeschränkt ist – und die Zusammenhänge, in denen sie sonst sicheren Halt finden, selber gefährdet sind. Jede Lebenskrise ist ein Verlust dieser Lebenszusammenhänge – oder wie Psychologen sagen, jede psychische Krise ist eine »Kohärenzkrise«. Damit ist gemeint: in Krisen gehen die Sinnstrukturen, die uns im Leben halten, oder, ganz allgemein, unsere grundsätzlichen Verbundenheitsgefühle zum Leben verloren.

In den Normalzeiten unseres Lebens organisieren wir nicht nur unsere gesamte soziale Existenz in Netzwerken, die wir selbst knüpfen, sondern auch unsere psychische Existenz in vielerlei Hinsicht. Gemeint ist jenes Netzwerk, das uns ideell und moralisch einen Lebenssinn verleiht – »Sinn« in einer selbstgesetzten, nicht transzendenten Bedeutung. In der Lebenskrise werden diese Netze einer harten Belastungsprobe ausgesetzt. Es hängt von unserem Vermögen ab, entweder die alten Verbindungsstricke halbwegs unbeschadet in den Händen zu behalten – oder, wenn sie zerreißen, was die Regel ist, sie bald neu zu knüpfen.

Um das menschliche Vermögen, auch in Krisenzeiten verbunden zu bleiben, geht es auch in den Arbeiten von Aaron Antonovsky. Seine Theorie des Kohärenzgefühls geht zurück auf sein »Salutogenese-Konzept«, das ihn bekannt gemacht hat. In dieser Theorie richtete er sein Hauptaugenmerk nicht darauf, was Menschen in Laufe ihres Lebens krank macht (Pathogenese), sondern wie Gesundheit entsteht und wie Menschen sich diese erhalten. Wesentlich hierfür ist, so glaubte er zu erkennen, wie »kohärent« sich Menschen in ihrem Leben empfinden. Unter dem Kohärenzgefühl, oder auch dem »Sense of Coherence«, versteht er eine Lebensorientierung, die zum Ausdruck bringt, »in welchem Ausmaß man ein durchdringendes, andauerndes und dennoch dynamisches Gefühl des Vertrauens hat, dass erstens die Stimuli, die sich im Verlauf des Lebens aus der inneren und äußeren Umgebung ergeben, strukturieren, vorhersehbar und erklärbar sind; zweitens einem Ressourcen zur Verfügung stehen, um den Anforderungen, die diese Stimuli stellen, zu begegnen, und drittens diese Anforderungen Herausforderungen sind, die Anstrengung und Engagement lohnen.«

Etwas einfacher ausgedrückt: Das Erleben eines Kohärenzgefühls ist an die Gabe gekoppelt, den eigenen Lebensweg insgesamt als etwas Sinnhaftes zu verstehen, dabei auch unvorhergesehene negative Ereignisse in diese Struktur einordnen zu können. Es bedeutet weiter Gestaltbarkeit, also das Wissen und Zutrauen, die Herausforderungen des Lebens bewältigen zu können – und schließlich, dass wir selbst in der Lage sind, Sinn zu stiften, dass uns bestimmte Bereiche im Leben bedeutsam und wichtig sind, dass es sich lohnt, für diese zu leben, weil sie unserem Leben Orientierung geben.

Man kann sich diese Sinnstrukturen am besten als ein Gewebe vorstellen, in dessen Mitte wir selbst verflochten sind. In der Krise reißen immer mehr dieser Sinnfäden ab, das Gewebe wird löchrig – man sieht in nichts mehr einen Sinn. Wer etwa schwer krank wird, wer von seinem Partner verlassen wird, wer seinen Job verliert, dem erscheint mit einen Mal alles sinnlos. In der Krise verlieren wir die Verbindungen. Manchmal so viele, dass uns das Gewebe nicht mehr trägt. Das Wesen der Krise ist das Abhandenkommen von Kohärenzgefühl. Die Welt wird inkohärent. Auf die Frage nach dem »warum?« finden wir keine Antwort mehr, Ohnmacht entsteht, Haltlosigkeit, Sinnlosigkeit. Wir erleben also nicht nur im Verlassen-Werden durch einen geliebten Menschen – sondern auch durch das Abhandenkommen von Sinnstrukturen Haltlosigkeit: einen Verlust von innerem Halt.

Krisen werden jedoch gemeinhin dann erfolgreich bewältigt, wenn es den Betroffenen gelingt, zuerst ein Verständnis für die Krise zu schaffen und dann neues Vertrauen zu fassen, um dann wiederum Schritt für Schritt eine neue Kohärenz zu errichten. In Krisen geht es immer darum, dem Leben einen neuen Sinn zu geben, in ihrem Verlauf ein neues Gewebe mit neuen Sinnstrukturen und Aufgaben zu bilden. »Wer ein Warum zu leben hat, erträgt fast jedes Wie« hat Friedrich Nietzsche einmal geschrieben. Es geht also darum, in der Krise zu einem Leben zu finden, dass auch dann, wenn die alten Antworten nicht mehr tragen, eine neue Antwort auf das »Warum?« findet. Vor dieser

Aufgabe, den eigenen »Sense of Coherence« wieder aufzurichten, stehen alle Menschen in der Krise, denn Krisen selbst haben immer eine isolierende Auswirkung auf diejenigen, die unter ihnen leiden.

Einsam in der Krise – Trennung und Verlust

Krisen machen einsam. In ihrer Anfangsphase sind wir tatsächlich untröstlich. Wir fühlen uns allein mit unserer Not, vielleicht auch allein gelassen, so sehr dass wir keine Verbindung mehr fühlen. Sören Kierkegaard hat geschrieben, Verlorenheit sei das Wesen der Verzweiflung, und Menschen in Krisen fühlen sich sehr oft »verloren«. Menschen in Lebenskrisen sind einsam, weil sie unendlich viel mit sich selbst zu tun haben. Sie sind geistig abwesend, »dissoziiert«, sie können nicht fassen, was ihnen zugestoßen ist. Die erste Reaktion auf den Niederschlag, der am Anfang einer Krise steht, ist meist ein Rückzug. Wir gehen in uns, wir versuchen zu verkraften, was da über uns hereinbricht. Wir kehren der Welt den Rücken, wir hadern. Warum muss mir das zustoßen? Wir wollen nichts mehr wissen von einer Welt, die uns so zusetzt.

Die Einsamkeit, die mit der Krise über uns kommt, ist aber nicht nur damit zu erklären, dass wir nun, so gebeutelt wie wir sind, keine Augen mehr für alles andere um uns herum hätten. Krisen werden von den Betroffenen als Lebenslagen großer Einsamkeit erlebt, weil Krisen selbst immer Abtrennungsprozesse sind. Wir müssen unter großer Kraftanstrengung etwas, was uns teuer geworden ist, hergeben, von etwas, was uns ans Herz gewachsen ist, schmerzhaft Abschied nehmen. Krisen zwingen uns, aus der warmen Symbiose hinaus ins strenge Klima neuer Individuation hinauszutreten oder, um mit der Psychotherapeutin und Autorin Verena Kast zu sprechen, wir müssen zwangsweise Abschied nehmen »von der Sehnsucht des Menschen nach Eins-Sein«. Der Verlust von etwas ganz und gar Wertvollem für uns gehört zum Wesen der Krise. Ganz egal ist dabei, ob eine Krise tatsächlich durch den Verlust eines geliebten Menschen ausgelöst wurde, durch Tod oder Trennung, Scheidung oder Verlassenwerden. Interessant ist, dass zu allen möglichen Erscheinungen von Lebenskrisen die Erfahrung von Verlust und Abschied gehört.

Die US-amerikanische Psychologin Pauline Boss war früher Ausbilderin der internationalen Einsatzgruppe des Roten Kreuzes für die Mission in Bosnien-Herzegowina. Vor dem Hintergrund ihrer Erfahrungen mit Terror- oder Katastrophenopfern und ihren Hinterbliebenen, wie etwa beim Attentat auf das World Trade Center im September 2001 oder der Tsunami-Katastrophe wenige Jahre später, hat sie das Konzept des »uneindeutigen Verlusts« als Auslöser besonders vehementer Persönlichkeitskrisen entwickelt. Sie geht davon aus, dass vor allem die Verlusterfahrungen von Menschen, die einen geliebten Angehörigen, Partner oder Freund verloren haben, ohne dass dieser je physisch aufgefunden wurde, als besonders traumatisch erlebt werden. In Ihrem Buch »Verlust, Trauma und Resilienz« überträgt sie das Konzept auch auf Angehörige von Alzheimer-Patienten, weil auch diese zumindest geistig so weit abwesend sind, dass Boss sich veranlasst sieht, hier ebenfalls von der Erfahrung eines »uneindeutigen Verlusts« für die Angehörigen zu sprechen. In beiden Fällen kann mit dem Verlust eines Menschen oft nicht abgeschlossen werden, weil eine Art Gleichzeitigkeit von Anwesenheit und Abwesenheit herrscht, eine Art Vermisstenstatus, der angsterzeugend und krisenverschärfend wirkt, so dass eine Traumatisierung auch nach einer gewissen Zeit nicht ohne weiteres abklingen kann. Weil die Beziehung zu dem verlorenen Menschen innerlich noch fortgeführt wird, kann keine neue Identität ausgebildet werden. Hier setzt die therapeutische Arbeit von Pauline Boss an.

Man kann das Konzept des »uneindeutigen Verlusts« jedoch mit guten Argumenten auf alle Grundprobleme menschlicher Lebenskrisen übertragen, die überhaupt mit dem Verlust eines geliebten Menschen zu tun haben. Denn auch ein Mensch, der einer schweren Krankheit erlegen ist, wird noch lange nach seinem Tod im Denken und Fühlen der Hinterbliebenen fortexistieren. Eine Krise bedeutet Trennungserleben, dabei ist dieser erfahrene Verlust nahezu immer »uneindeutig«, weil Menschen, Lebensphasen oder -orte, alles, was uns einmal etwas bedeutet hat, nie »eindeutig« von uns gehen, sondern in unseren Erinnerungen, Fantasien und den damit verbundenen Emotionen oft über lange Trauerphasen hinweg in uns weiterlebt. Und so ist es auch, wenn von einem geliebten Partner Abschied zu nehmen ist, der sich von uns trennt, und, im weiteren Sinn auch, wenn es darum geht, sich von liebgewordenen und Sicherheit gebenden Umständen zu trennen, von einem Arbeitsplatz oder anderen sozialen Positionen, mit denen wir uns lange identifiziert haben.

Nach dem Verlust geht es immer darum, die Isolation zu durchbrechen und anstelle der alten, abgerissenen Verbindungen zur Welt ganz neue zu knüpfen. Die Schwierigkeit besteht darin, dass diese Verbindungen immerzu unerprobte sein werden und ganz und gar andersartige als jene, die einem Menschen noch vor der Krise Halt gaben in einer Welt, die es nun nicht mehr gibt.

Trost – einen neuen Lebenszusammenhang schaffen

Wie aber kann man neue Kohärenz aufbauen, neue Verbundenheit herstellen? Menschen in Krisen sind erfahrungsgemäß nicht besonders initiativ und zudem oft gar nicht in der Lage, ihre Verbindungen zu stärken. Ihre Kommunikationsfreude und Unternehmungslust sind ziemlich eingeschränkt. Oft sind sie jedoch offen und bereit, Verbindungsangebote, die andere aussprechen, wahrzunehmen, eventuell auch von Menschen aus der Peripherie ihres Umfeldes, die uns in solchen Lebenslagen überraschenderweise immer wieder erreichen.

Wenn die Initiative, sich zu verbinden, von den Freunden und Nahestehenden ausgeht, die um denjenigen sind, der in der Krise steckt, dann nennt man das »trösten«. Trost ist immer die Möglichkeit der anderen mehr Kohärenz in demjenigen zu schaffen, der unter einer Krise leidet. »Consolari« ist das lateinische Wort für »trösten«, wörtlich übersetzt, »mit dem anderen sein«. Consolation ist alles, was uns aus der Isolation herausführt und uns hilft, die Selbstzentriertheit zu durchbrechen, in die uns die Krise gestürzt hat. Wir brauchen Gefährten oder Begleiter in der Krise, Menschen, die uns beistehen, die nicht die Krise wegzureden versuchen, sondern unsere Krise mit uns aushalten.

Der Prozess von Selbsterkenntnis und Bewältigung, den Krisengeschüttelte durchgehen, ist immer ein einsamer Weg. Aber obwohl wir diese Einsamkeit in der Krise als großes Elend empfinden, steckt darin bereits der erste Schritt zu ihrer Überwindung. »Erst in der Einsamkeit spürt man Verbundenheit«, hat Anselm Grün geschrieben. Denn wieder ist es so: wer in der Krise gefangen ist, begibt sich immer auch zugleich auf die Suche. Vor allem sucht er, auch wenn er nach außen eher abweisend erscheint, nach Verbindung zu anderen, die ihn stützen und sein Leid mittragen. Diese innere Suche ist motiviert von der Suche nach einer neuen Lebenssicherheit, nachdem die alte verloren gegangen ist. Wohl bei allen Menschen wird dabei über kurz oder lang eine Erinnerung wachgerufen, die bis in die frühe Kindheit zurückgeht. Denn schon als Kleinkind haben wir die Erfahrung gemacht, dass allein das Pflaster für das blutende Knie weitaus weniger wirksam war, als das Trostpflaster, in den Arm genommen zu werden, die liebevolle Umarmung oder zärtliche Berührung durch die Mutter und das Liedchen, das wir alle noch kennen, wenn sie »Heile, heile Segen, morgen gibt es Regen, übermorgen Schnee, tut schon nicht mehr weh!« gesungen hat. Kinder aktivieren in solchen Phasen höchster innerer Erschütterung sofort instinktiv alle Hebel zur Wiederherstellung der alten Geborgenheit. Um an dieses Ziel zu gelangen, signalisieren sie ihre Bedürftigkeit und fordern konkrete Gesten oder Rituale durch ihre Bezugsperson ein, die sie als Neukonkretisierung der alten Beziehungssicherheit erleben. Ist der Vertrauensbeweis erbracht und die innere Balance wieder errichtet, kehrt die verlorene Sicherheit zurück – und die Schramme, der Kratzer, die eigentliche Wunde oder der Schaden, der durch diese Kleinkrise ausgelöst wurde, tritt bald völlig in den Hintergrund. Der sichere Hafen in den vielen kleinen Kinderkrisen unseres Lebens ist die intensive Beziehungserfahrung zu Personen, die uns emotional am nächsten stehen, in der Regel zur Mutter oder zum Vater.

Menschen erleben diese Konkretisierung von Beziehungssicherheit dadurch, dass ihnen all jene, die sie trösten, Gefühle der Verbundenheit zeigen. Das weinende Kind etwa, das gestürzt ist und sich das Knie aufgeschlagen hat, ruft diese Urerfahrung ab, weil es sie schon viele Male zuvor als zuverlässig Sicherheit spendend und emotionsregulierend erlebt hat. Im Erwachsenenleben ändert sich daran nicht viel. Für Menschen, die in schweren Lebenskrisen gefangen sind, zählen tröstende Beziehungsintensivierungen zu denjenigen, denen man sich verbunden fühlt, zu genau denselben wirklich prägenden Erlebnissen, durch die sie auch in Kindertagen innere Stärkung und Entlastung erfahren haben. Trost durch unsere Nächsten ist das wohl älteste Muster zur Emotionsregulierung in der Krise. Wir verringern den Abstand, neigen uns einander zu, wir werden, salopp gesprochen, miteinander enger, wenn es eng wird.

Wenn uns jemand Trost spendet – Trost wohlgemerkt, der auch tröstend wirkt –, bedeutet dies immer, eine Beziehungserfahrung, die zwei Menschen verbindet, zu intensivieren – und dafür auch einen emotionalen Ausdruck zu finden. Trost, der sich in »sachdienlichen Ratschlägen« erschöpft, verfehlt seine Wirkung. Für den, der Trost spenden will, heißt das, dass er aus einer oberflächlichen oder nur funktionalen Beziehungsform heraustreten muss – und sich und seine Emotionen zeigt. Gefühle der Verbundenheit zu zeigen, also Mitgefühl, das ist es, was seine stärkende Wirkung nicht verfehlt. Dazu bedarf es oft auch einer Portion Mut und Beherztheit, wie Jürgen Stepien, Psychotherapeut an der Paracelsusklinik in Scheidegg im Allgäu aus der Erfahrung mit krebskranken Frauen weiß: »In Krisen brauchen wir Menschen«, fasst er zusammen, »die uns begleiten, die keine Angst vor unserer Angst haben, weil sie keine Angst vor ihrer eigenen Angst haben.«

Ich habe mit vielen Menschen gesprochen, die schwere Krankheitskrisen durchschritten haben. Eine 42-jährige Frau, Mutter eines dreijährigen und elfjährigen Kindes, erzählte mir ihre Geschichte. Wie es war vor einem Jahr, als man bei ihr einen Hirntumor entdeckte. Der Tumor war gutartig, aber fortgeschritten, er konnte durch eine Operation erfolgreich entfernt werden, aber es blieben Gesichtslähmungen zurück, die erst ein Jahr später durch Reha-Übungen wieder zurückgingen. Bei einer anderen Frau, etwa im gleichen Alter und ebenfalls Mutter, wurde vor vier Jahren Brustkrebs diagnostiziert. Vom Befund bis zur Operation verging kaum mehr als eine Woche. Sie erzählte mir, wie alles über sie kam wie jene große Welle, die alles unter sich begräbt. Schon eine Woche nach der Diagnose wurde der Tumor entfernt. Es stellte sich heraus, dass er nicht so gefährlich war und von den Ärzten keine Chemotherapie empfohlen wurde. Heute geht es dieser Frau gut. Und noch andere ganz ähnliche Fälle lebensgefährlich Erkrankter könnte ich hier aufzählen.

Sie alle berichteten mir auf meine Frage hin, was sie in dieser Zeit am meisten getröstet habe, nahezu dasselbe: dass diejenigen, die ihnen im Leben wichtig waren, mit ihnen geweint hätten. Im einen Fall waren es zwei gute Freundinnen, die auf Besuch in die Krankenstation gekommen waren, im anderen die ältere Schwester, die urplötzlich aus einer über viele Jahre bestehenden Distanz zu ihr herausgetreten sei und ihrer Schwester gegenüber zum ersten Mal offen aussprach, wie schrecklich es sei, was ihr zugestoßen sei, und wie lieb sie sie habe. Bester Trost kann es sein, einem Menschen in der ärgsten Not vielleicht zum allerersten Mal zu sagen, wie unendlich viel er einem selbst bedeutet, wie sehr man um ihn bangt, ihm gegenüber auszudrücken und es auch auszusprechen, wie groß die Angst ist, ihn verlieren zu können, wie schlimm es wäre, wenn es ihn einmal nicht mehr geben würde. Trösten heißt mitfühlen und das Gefühl auch zu zeigen, weshalb es bei Herzensbotschaften auch immer ziemlich egal ist, welche Worte man dafür findet.

Wer schon einmal eine Krise durchlebt hat, weiß am besten, was Trost vermag, aber genauso, was sie oder ihn wirklich getröstet hat – und was nicht, wie wohltuend und erleichternd die Anteilnahme und das Mitgefühl von Freunden oder Familienangehörigen in solchen Lagen sein können – und wie bitter und unsäglich enttäuschend es ist, wenn sie ausbleiben. Trost kann zumindest zeitweise die Not nehmen, in der einer gefangen ist. Er kann uns die Last erleichtern helfen, die wir tragen müssen, auch wenn es unbenommen bleibt, dass wir am Ende auf unserem Lebensweg doch immer irgendwo einsame Träger eines unbekannten Schicksals bleiben. Aber es ist ungeheuer viel, wenn man sich mit seinem Schmerz und seiner Not nicht allein gelassen fühlt.

Wenn der Trost ankommt, was bewirkt diese Kraft? Seinem Wortursprung nach stammt das Wort »Trost« wie auch »treu« derselben germanischen Wurzel und bedeutet Festigkeit, im Sinne einer inneren Festigkeit. Jene Festigkeit, von der Stefan Zweig in seinem Buch über Marie Antoinette gesprochen hat. Lebenskrisen lösen diese Festigkeit auf, sie schaffen Untiefen auf dem Grund, auf dem wir stehen, verflüssigen den festen Boden, verwandeln ihn von heute auf morgen in einen gefährlichen Morast oder in ein turbulentes Wellenbad. Wir erleben auf einmal eine Welt, die uns schwankend macht, als sei der Boden nicht fest, sondern in steter Bewegung. Wasser hat keine Balken. Das Symbol für die Krise ist auch nicht so sehr der freie Fall, zu dem es kommt, wenn uns einer den Boden unter den Füßen wegzieht, sondern weit eher das Gefühl, einzusinken in einem Untergrund, der einen nicht mehr zuverlässig trägt. Unsicherheit ist das Hauptmerkmal der Krise, neue Festigkeit zu erlangen die Aufgabe. Trost bedeutet wieder fest zu werden, wieder festen Boden unter die Füße zu bekommen, ganz egal, wie es um einen bestellt ist. Das ist es, was Trost bewirken kann.

Selbstgespräche, die trösten

In großen Krisen ist es ungemein stärkend, Menschen um sich zu haben, die einen trösten. Aber, so paradox es sich anhört, Menschen haben auch dann die Fähigkeit, Trost zu erfahren, wenn da gar keiner ist, der ihn spenden kann. Trost ist etwas, das auch von innen kommen kann. Man kann das innere Kind, das da in einem weint, auch selber trösten. In der Tat, so wie Menschen sich selbst Mut machen können, können sie sich auch selbst trösten.

In blöden Witzen in Illustrierten findet man ab und zu die Karikatur eines Betrunkenen, der seinen Frust im Alkohol ertränkt. In der Sprechblase steht dann: »Willy, das lässte nich' mit dir machen!« Selbstgespräche sind oft Formen der inneren Auseinandersetzung und des Trostes, wenn keiner da ist, der dies übernimmt, und selbst wenn – Trost ist immer auch etwas, was man mit sich selbst ausmacht. Menschen, die Selbstgespräche führen, stehen jedoch nicht besonders hoch im Kurs. Man hält sie vielleicht für leicht geistesgestört, und doch lässt sich die heilsame Wirkung von gelegentlichen Selbstgesprächen belegen. Die Psychologin Corinna Reichl vom Universitätsklinikum Heidelberg sagt in einem Interview: »Manche Menschen sprechen mit ihren Haustieren, wenn sie sich allein fühlen, andere gehen innere Bindungen mit fiktiven Fernsehcharakteren ein, wieder andere sprechen mit sich selbst.« Interessant aber sei, so die Psychologin, dass bei einem Selbstgespräch im Gehirn die gleichen Regionen aktiviert würden, wie bei einem tatsächlichen Dialog. »Dies kann zu einem vorübergehenden Gefühl führen, in eine soziale Interaktion eingebunden zu sein.«

Der Schriftsteller Robert Gernhardt starb 2006 an Krebs. Auf eine unnachahmliche Art thematisierte er in seiner letzten Lebensphase seine eigene, letztlich zum Tod führende Krankheit auch in seinem Werk. Er dichtete über seinen Krebs, verspottete ihn, überzog ihn mit wundervoller Häme. Einige dieser Krebsgedichte sind als Selbstgespräche, als innere Monologe angelegt – bei Gernhardt freilich auch noch mit einem unbeirrbaren Humor angereichert – und dennoch ist der Trost, den sich der Dichter dadurch selber spendete, in ihnen immer unverkennbar. Ein schönes Beispiel ist der folgende »Vers«:

»Robert, ach du Armerchen,
dein Gott ist kein Erbarmerchen,
dein Gott ist eine Geißel.
Drum, Robert, stell den Jammer ein,
Dein Gott will dir ein Hammer sein!
Dann sei ihm, Robert, Meißel.«

Oft sind es auch innere Gespräche der anderen Art, die uns trösten: Träume. Viele Betroffene sprechen davon, dass sie im Traum auf großen Trost gestoßen sind, auf Zeichen am Wegesrand, die in eine gute Zukunft wiesen, auf Wahrsager und Boten, die volle Gesundung in Aussicht stellten. Nachtträume und auch Tagträume können innere Wege sein, die uns zu längst verloren geglaubter Zuversicht und neuem Selbstvertrauen führen. Aber auch, wer auf solche Schlüsselträume vergeblich wartet, kann innere Kraftquellen in seinem Unbewussten erschließen, wenn er bestimmten Wegweisern folgt, die ihn in sein Inneres führen.

Innere Helfer, innere Tröster

Es sind unter den Psychologen vor allem die Hypnotherapeuten, die mit Krisenpatienten solche Reisen ins Innere durchführen. Durch verschiedene Visualisierungstechniken führen sie ihre Patienten auf Fantasie- und Entdeckungsreisen in die eigene Seelenlandschaft, um dort an unerschlossene Kraftquellen zu gelangen. Die zumeist in einer Halbtrance heraufbeschworene Vorstellung einer inneren Landschaft, die vor dem geistigen Auge desjenigen aufsteigt, der sie unter Anleitung eines Therapeuten imaginiert, ist ein Mittel, in Kontakt mit seiner eigenen Innenwelt zu kommen. Wichtig ist dabei, ein Motiv für diese Suche zu haben, einem »Warum?« zu folgen, wenn man, wie es in diesen Reisen geschieht, versucht, jene Wesen zu finden, die im Schamanismus das »Krafttier« heißen, der »innere Lehrer« oder der »innere Heiler«. Diese Figuren sind nichts anderes als verbildlichte innere Anteile der eigenen Persönlichkeit, von denen man profitieren kann, weil sie uns in Kontakt mit den heilenden Kräften in uns selber bringen – und diese für uns in der Bewältigung eines Konflikts oder Problems mobilisieren. Die hypnotherapeutische Herangehensweise gründet auf der Erfahrung, dass auch lediglich in Fantasiebildern vorgestellte Erfahrungen auf unseren Körper wirken können, indem sie dort heilende Prozesse in Gang setzen. Der US-amerikanische Psychologe und Mediziner Milton H. Erickson hat die unterschiedlichen Formen der Hypnotherapie seit den 50er Jahren in der Psychotherapie etabliert und eine Theorie erarbeitet, wonach es durch Hypnose gelingen kann, das Unterbewusstsein seiner Patienten zu erreichen und mittels geeigneter Suggestionsverfahren die dort versammelten eigenen Heilerfahrungen zu entfesseln und sie als Selbstheilungskräfte zu nutzen.

Ich selber habe diese Erfahrung gemacht, auch wenn der Weg zu meinem inneren Heiler weit ist, und auch durchaus beschwerlich. Zuerst hinaus in die Dunkelheit, hinüber auf die Straße vor meinem Haus, zur Wiese am Stadtrand, einen Abhang hinunter, dann der Sprung über den kleinen Bach, über Steine und kleine Felsen, auf der anderen Seite wieder hinauf, dann durch die Unterführung unter der Bundesstraße hindurch, eintreten in einen friedlichen Wald, der auch friedlich bleibt, obwohl sich hier manchmal eigentümliche Faune und Geschöpfe herumtreiben oder hinter Baumstämmen neugierig hervorlugen. Immer den Waldweg entlang. Es ist feucht hier, es riecht gut, Farne und Moos säumen den Weg, ich erkenne Pilze, Tannenzapfen, die herumliegen. Dann das »gefährlichste« Stück, ich muss den Weg verlassen, durchs Unterholz, ein mühsames Wegstück mit Dornen, Pfützen, matschigem Untergrund, aber bald schon geht es auf einen weichen Trampelpfad, auf dem sich's schon wieder leichter vorwärts kommen lässt. Und bald dann heraus aus dem dunklen Wald, hinunter in ein mondbeschienenes Tal, Zickzackwege über Weiden führen einen Abhang hinunter, in der Ferne scheint ein kleines Feuer auf, ich nähere mich dem Lichtpunkt. Am Feuer sitzt er. Ihn habe ich gesucht und wieder gefunden. Ein freundlicher, mönchischer, weiser, zurückhaltender älterer Mann mit weißem, kurz geschnittenem Haar, in einer rötlichbraunen Kutte und einem Stab in der Hand. Er erhebt sich, lächelt mir zur Begrüßung zu. Ich umarme ihn kurz und setze mich zu ihm ans Feuer, in das wir nun beide blicken, anfangs ganz ohne zu sprechen. Das ist er, mein innerer Helfer, mein innerer Heiler. Ich kenne seinen Charakter, obwohl er ihn mir nicht offenbart hat. Er ist von einer großen Festigkeit und Gelassenheit, von einer großen Zuversicht und Stärke. Ein toller Typ.

Den Weg wie die Landschaft, sie gibt es nicht. Auch ihn gibt es nicht – und es gibt ihn doch. Meine Fantasie hat ihn hervorgebracht. Er ist mein bester Ratgeber, mein väterlicher Beschützer, ihm vertraue ich mich an, er stützt mich und spendet mir Trost. Er ist mein innerer Heiler, der mir Rat und Schutz gibt. Was er hat und ich nicht, überträgt sich auf mich. Er redet nicht viel, manchmal berührt er mich, eine Wunde auf meinem Körper, er schaut mich an, legt seine Hand auf meine Schulter. Er stärkt mich, was ich vor allem dann merke, wenn ich die Meditation beende. Auf ihn gestoßen bin ich während einer hypnotherapeutischen Sitzung, für die ich mich entschied, um etwas gegen verschiedene gesundheitliche Probleme zu tun, von denen ich überzeugt war, dass sie psychosomatischer Natur waren. Die Therapeutin führte mich durch eine innere Nachtlandschaft – bis ich an diesem Feuer ankam. Da saß er dann und lächelte mich an.

Zurück zu einem starken Verbundenheitsgefühl

Liest man die Schriften Antonovskys, fällt auf, dass er zu den Stärken und Vorteilen eines hohen Kohärenzgefühls in allerlei Stress-Situationen Vieles und Aufschlussreiches zu sagen hatte, jedoch kaum zu dem Problem Stellung nahm, wie Menschen ihr Kohärenzgefühl, das durch eine Krise selbst erheblich erschüttert wurde, wieder stärken können, oder, um mit Antonovsky selbst zu sprechen, wie Menschen, deren »SOC-Level« durch eine Lebenskrise drastisch in den Keller gerauscht ist, diesen auch wieder erhöhen können. Für Antonovsky war der »Sense of Coherence« eine innere Disposition, die mit dem Erwachsenwerden weitgehend zum Abschluss kommt. Über Möglichkeiten und Methoden, wie von Krisen belastete Menschen dieses Gefühl wieder stimulieren und steigern können, wo es abhanden gekommen ist, ist bei ihm kaum etwas zu finden. Dennoch, die über lange Zeit geltende Lehrmeinung in weiten Kreisen der Psychologie, wonach »Einmal schwer traumatisiert, ein Leben lang traumatisiert« bedeutet, widerlegte die Resilienzforschung eindrucksvoll. Zwar konnte man schon in ihren Anfangszeiten schnell erkennen, dass die Ressourcen ganz ungleich unter ähnlich Betroffenen verteilt sind, aber dennoch ist Resilienz nicht etwas, was dem einen gegeben ist und dem anderen nicht. Vielmehr ist die innere Widerstandsfähigkeit eines Menschen veränderbar, also auch steigerbar. Menschen können selber Einfluss auf diese Kräfte nehmen.

Viele Therapeuten gehen heute davon aus, dass dieses Gefühl auch dann wieder geweckt werden kann, wenn es durch eine Krise verloren gegangen ist. Auch viele psychosomatische Mediziner sind von dieser Möglichkeit überzeugt. Der Arzt und Autor Dietmar Hansch schreibt in seinem Buch »Erfolgreich gegen Depression und Angst«, es ginge darum, das eigene Kohärenzgefühl wieder zu gewinnen, indem man sich ein Verständnis des eigenen Problems erarbeite, sein Vertrauen auf die eigene Bewältigungskompetenz zu stärken und schließlich »die wichtigsten Sinnmomente im eigenen Leben wieder freizulegen, bewusst zu machen und nach Möglichkeit auch neue herzustellen.« Ein entscheidender Schritt ist es, ein neues »Kohärenzgefühl« zu gewinnen – und sich gleichzeitig kontraproduktive, krisenverschärfende Verhaltensweisen und -muster bewusst zu machen, um diese künftig zu vermeiden. Die Autoren Monika Gruhl und Hugo Körbächer sprechen sogar von »Resilienztraining« zur Stärkung des Widerstandsvermögens – und im Internet kann man auf der Website der »American Psychological Association« sogar ein Zehn-Punkte-Programm finden, genannt »Road to Resilience«, eine Art Übungsplan zur mehr seelischer Widerstandkraft zur persönlichen Anwendung.

Wieder in Verbindung kommen

Neue Verbundenheit herzustellen, ist die Aufgabe in der Krise. Verbundenheit mit einer Zukunft, die noch offen vor uns liegt, die aber durch Zuversicht und Hoffnung mit der Gegenwart verbunden wird, Verbundenheit zu sich selber, die in neuem Selbstvertrauen und Optimismus mündet, am

Ende Verbundenheit zur Krise selbst, so dass sie in unser Leben integriert wird, und dessen Sinn insgesamt nicht länger in Frage stellt. Es geht um Verbundenheit mit unseren inneren Kräften, die uns in Gestalt von inneren Heilern und Gefährten begegnen können, aber natürlich auch ganz konkret zu denjenigen, die uns im Leben am nächsten stehen, unseren Freunden und Angehörigen.

Direkt erfahrbare Verbundenheit ist das Gefühl, in ein Netzwerk von anderen Mitmenschen eingebettet zu sein, Menschen, die uns auffangen und Halt geben. In einem weiteren Sinn bedeutet Verbundenheit jedoch auch, eine neue Verbindung zum Leben überhaupt aufzunehmen und zu intensivieren.

Wer sich etwa in einer Lebenskrise lange Zeit der Natur aussetzt, durch Landschaften, im Gebirge oder am Meer entlang wandert, kann diese neue intensive Verbundenheit erleben. Irgendwann im Verlauf einer Krise können wir spüren, dass wir als Lebewesen mit dem ganzen Leben – oder mit dem, was gläubige Menschen »Gottes Schöpfung« nennen – zusammengehören, eins sind. Viktor E. Frankl hat in seinem ergreifenden Buch »... trotzdem ja zum Leben sagen. Ein Psychologe erlebt das Konzentrationslager« von einer jungen Frau, einer Mitgefangenen, berichtet, die so geschwächt war, dass sie wusste, sie würde in den nächsten Tagen sterben. Er schreibt, sie habe auf ihn dennoch einen heiteren Eindruck gemacht: »Dieser Baum da ist der einzige Freund in meinen Einsamkeiten«, meinte sie und wies durchs Fenster der Baracke. Draußen stand ein Kastanienbaum gerade in Blüte, und wenn man sich zur Pritsche der Kranken hinabneigte, konnte man durch das kleine

Fenster der Revierbaracke eben noch einen grünenden Zweig mit zwei Blütenkerzen wahrnehmen. »Mit diesem Baum spreche ich öfters«, sagte sie. (…) Dann frage ich neugierig, ob der Baum ihr vielleicht auch antworte – ja? – und was habe er ihr da gesagt? Darauf gibt sie mir zur Antwort: »Er hat mir gesagt, ich bin da, ich bin da, ich bin das Leben, das ewige Leben.«

Der bekannte Philosoph Wilhelm Schmid meinte in einem vielbeachteten Essay, die Gründe für das Bedürfnis nach Trost seien »energetische«. »Was geschehen ist, kostet Energie, und Trost bewirkt eine neuerliche Zufuhr von Energie, eine Entdeckung neuer Kraft, wenn Lebenskraft abhanden gekommen ist«, schreibt er. Im Trost geht es aber nicht allein um die Zuführung von Energie, sondern besonders auch um die Stärkung unserer Gefühlskräfte des Glaubens, Hoffens und neuen Zutrauens durch andere – und durch uns selbst. Wenn der Trost unser Inneres erreicht, fühlen wir uns wieder verbunden.

Trost ist alles, was in uns Verbindung schafft. Die Natur kann trösten – oder die Kunst. Trost spendend kann auch umgekehrt sein, wenn wir für andere Menschen da sind und sorgen. Und es können, ganz ohne Menschen, Beschäftigungen sein, die uns mit unserer Außenwelt verbinden, das kann wahrnehmen, fühlen oder sich ausdrücken sein, das kann sein, sich selbst eine Aufgabe zu geben und in der Erfüllung dieser Aufgabe aufzugehen. Wichtig ist nur, sich auch in der Talsohle der Krise immer wieder klarzumachen: in uns allen steckt die Kraft, nach der Isolation, die mit der Krise kommt, wieder und ganz neu mit dem Leben in Verbindung zu treten. Wir müssen nur lang genug und voller Geduld nach den neuen Fäden suchen, die unserem Leben neuen Halt geben.

Bitte + 2 Zeilen

3. Kapitel
Schöne Welt – Natur und Kunst als Ressourcen

Und in jeder Trauer ist Schönheit,
und in jeder Schönheit ist Trauer.
Karim Ruschel

Jeden Morgen, früh, wenn mein Tag beginnt, gehe ich den kurzen Weg von meiner Wohnung zum Rhein hinüber, setze mich auf eine Mauer am Ufer und blicke auf den breiten Fluss. Bei schönem Wetter lasse ich mein Gesicht von den Strahlen der Morgensonne wärmen, wie sie über dem Strom aufgeht, bei schlechtem fühle ich die Regentropfen, blicke in die sich leicht kräuselnden Wellen. Fast immer weht hier ein leichter Wind, ich atme die Luft tief ein, die nach frischem Wasser riecht. Ich betrachte eine Zeit lang die Schiffe, verfolge sie mit meinen Blicken, wie sie in vollkommener Ruhe und in beneidenswerter Langsamkeit ihre Bahnen ziehen. Ich bleibe noch ein wenig sitzen – und begrüße meinen Tag.

Fast jeden meiner Tage beginne ich so. Ein Ritual, zu dem ich in meiner Krise gefunden habe. Sie hat mich gelehrt, die Schönheit des Tages zu erkennen und zu erfühlen.

Suchen nach einem neuen Gleichgewicht

Viele Menschen, die in einer Krise gefangen sind, machen eine ganz ähnliche unerwartete Entdeckung. Sobald unsere Seele in eine Krise eintritt, setzt sie einen inneren Radar in Gang und sucht in unserer Erfahrungswelt nach einem Ausgleich für all das Chaos, den Schmerz und die Verzweiflung, die die Krise über sie gebracht hat. Sie folgt gewissermaßen einem seelischen Instinkt, wieder ins Gleichgewicht zu kommen. Den belastenden Gefühlen wie Angst und Trauer versucht sie, neue Freude hinzuzugesellen. Das tut sie, indem sie uns nach dem Schönen Ausschau halten lässt und unser ästhetisches Organ dabei ganz und gar empfänglich macht für vielerlei Außenreize. Es mag auf den ersten Blick erstaunen, aber Lebenskrisen, die über uns kommen, bringen uns mit dem Leiden immer auch eine neue, unbekannte Freude.

Es ist die durch eine Krise ausgelöste Erfahrung, dass das heitere, unbeschwerte Leben nicht selbstverständlich ist, die in jedem Menschen ganz unbekannte Türen öffnet und uns erkennen lässt: »Wie schön ist doch die Welt!« »Ich schaue aus dem Fenster und staune, als hätte ich noch nie Sonne und Wolken gesehen«, schrieb der Künstler und Regisseur Christoph Schlingensief in seinem Krebstagebuch inmitten seiner schweren Erkrankung, die ihn am Ende zum Tode führte. Aber nicht nur in wenigen Künstlern und Feingeistern ist dieser Sinn angelegt, nein, er ist in uns allen, auch noch im nüchternsten Nützlichkeitsmenschen. Und wenn einer meinte, ein Leben lang keinen inneren Zugang zu Dingen der Ästhetik gehabt zu haben, die Lebenskrise, in die er eintritt, sie wird ihm zuverlässig die Tür dorthin öffnen. Die Schönheit von Natur und Kunst – sie ist ein kraftvolles Lebenselixier.

Natur neu erleben

Eigentlich eine Binsenweisheit, dass der Garten, die Natur, wenn nicht der beste, so doch ein ziemlich guter Arzt ist, dass der Aufenthalt im Grünen der Erholung und Regeneration dient und obendrein der Immunabwehr auf die Sprünge hilft. Dem berüchtigten Satz, »frische Luft« sei gesund, hat man vielleicht schon öfters misstraut, aber tatsächlich, zumal in der Krise, zeigt sich die Natur als wahrer Kraftspender.

Das lässt sich auch nachweisen. Der US-amerikanische Journalist und Umweltaktivist Richard Louv verweist in seinem Buch »Das Prinzip Natur« auf zahlreiche wissenschaftliche Studien, die es dazu gibt. Darunter ist eine japanische, die an 260 Testpersonen durchgeführt wurde und in der nachgewiesen werden konnte, »dass bei Menschen, die Waldlandschaften betrachteten, die durchschnittliche Konzentration des Stresshormons Kortisol im Speichel um 13,4 % niedriger war als bei Menschen in der Stadt.« Die Natur hat positiven Einfluss auf unseren Körper. Vitamin D durch das Sonnenlicht, saubere sauerstoffreiche Luft für die Lungen, schon klar.

Mindestens so interessant wie der erfrischende Effekt des Draußenseins auf den Körper ist derjenige auf die Seele. Fast schon spektakulär ist die Beobachtung, von der Louv an anderer Stelle berichtet: »Forscher fanden heraus, dass die Patienten in Zimmern mit Baumblick deutlich kürzer im Krankenhaus bleiben mussten (im Durchschnitt fast einen vollen Tag), weniger Schmerzmittel brauchten und sich weniger negative Kommentare in den Aufzeichnungen des Pflegepersonals zuzogen.« In einer anderen Studie aus dem Jahr 2009, die den Titel »Green Excercise and Green Care« trägt und an der knapp 2000 Teilnehmer mitgewirkt hatten, konnte gezeigt werden, dass Bewegung in der Natur allgemein »zur Aufhellung von Stimmung, des Selbstwertgefühls, und einem Abnehmen von Depressionen und Verkrampfungen« führte.

Die Natur ist gut zu uns, weil wir in der Natur andere Wesen sind

Es geht also nicht nur um den wohltuenden Effekt des unkultivierten »grünen Materials«, das uns bei einem Aufenthalt in Wald und Flur umgibt, auf unseren Körper, sondern auf unser Gemüt. Es sind bei weitem nicht nur unser Kreislauf, unsere Lungen und Muskeln, die von den Segnungen einer Wanderung in der Natur profitieren, sondern unsere Seele tut dies in ungeahntem Ausmaß. Etwa wenn wir nach einem schweißtreibenden Aufstieg auf dem Gipfel eines Berges stehen und unsere Blicke in die Weite schweifen lassen. Der Mensch ist das einzige Lebewesen, das sich nicht allein körperlich in der Natur wohlfühlt, so wie eine Katze, die in den letzten wärmenden Sonnenstrahlen eines Herbsttages schnurrend auf einem Bänkchen liegt, sondern auch psychisch. Gerade in Lebenskrisen entwickeln viele Menschen einen Sinn für Gefühlslagen, die Landschaften in ihnen auslösen können, für den Zauber etwa von Abend- oder Morgenstimmungen in einem Mittelgebirge, an einer Flussniederung oder in einer Moorlandschaft. Das wird nun viel zarter und mit viel mehr inneren Regungen erfahren. Im gesteigerten Empfinden des Gefühls für die Natur, die uns umgibt, liegt das kleine oder größere Glück, das selbst eine tiefe Krise, bei aller Not, doch auch beschert.

Tatsächlich sind wir in der Lage, in der Natur Stimmungen auszumachen, die für uns emotional und »romantisch« aufgeladen sind. Wir können in ihr ästhetische Strukturmerkmale und Ordnungsprinzipien erkennen, die wir harmonisch (und zugleich uns innerlich harmonisierend) empfinden. Voraussetzung dafür ist allerdings eine ganz und gar kognitive Leistung, mittels derer wir nicht nur die Oberflächenbeschaffenheit etwa einer Pflanze, eines Wiesenhügels oder einer Landschaft erkennen können, sondern die zugrundeliegenden Gesetze der Anordnung, die in ihnen herrscht. Wir können das Typische, das Eigentümliche ihrer Form erfassen – und einen ästhetischen Genuss daraus beziehen. Man könnte auch sagen: Wir können im Angesicht der Schöpfung andächtig werden. Aber dafür muss man zuerst einen bestimmten Blick gewinnen: »Es ist ein verbreiteter Irrtum zu meinen, man brauche nur an einem schönen Ort zu reisen, um der Natur nahe zu sein, und ihre Kräfte und Tröstungen zu kosten«, hat Hermann Hesse einmal geschrieben und weiter: »Es ist ja klar, dass dem (…) Großstädter die Kühle und Reinheit der Luft am Meer oder in den Bergen wohl tun muss. Er fühlt sich frischer, atmet tiefer, schläft besser, und kehrt dankbar heim im Glauben, er habe die Natur nun so recht genossen und in sich gesogen. Er weiß nicht, dass er nur das Flüchtigste, Unwesentlichste davon aufgenommen und verstanden hat, dass er das Beste unentdeckt am Wege liegen ließ.« Aber was ist das »Beste«? Hesse gibt selber eine Antwort: Es geht darum, sagt er, das Charakteristische einer Landschaft zu erfassen und festzuhalten, dann, so sei hinzugefügt, gelingt es erst, an ihr einen vollendeten ästhetischen Gefallen zu finden. »Die Natur wirft sich einem so wenig vor die Füße wie Kultur und Kunst und fordert gerade vom ungeschulten Stadtmenschen unendliche Hingabe, ehe sie sich entschleiert und ihm zu eigen gibt.« Es spricht alles dafür, dass uns Lebenskrisen zu dieser Hingabe bringen. In der Krise zieht uns Harmonie und Erhabenheit an, und wir wandern ihnen gleichsam entgegen. »Das Sehnen und Suchen, das Nichtbefriedigt-Sein und der Durst nach Schönheit trieben ihn vorwärts, und hinter ihm, weit hinter ihm schlummerten die bildreichen Erinnerungen. Was hinter ihm lag, ging ihm durch den Wanderkopf, und was Unbekanntes vor ihm lag, zog wie Musik durch seine begierige Seele«, schrieb in einem Textfragment Robert Walser, einer also, der aus eigener leidvoller Erfahrung so etwas wie ein Experte in Lebenskrisen war.

Es ist unser Blick, der das Schöne empfindet. Die Natur, ihre Erscheinungen, Gerüche, alles was zu ihr gehört, sie ist, ganz nüchtern gesprochen, eine »neutrale Substanz«. Wir sind es, die Schönheit in sie hineinlegen. Oder, wenn einer denn glauben möchte, ein »Schöpfergott« hätte sie schon in die Welt hineingelegt, so sind es dennoch wir empfindsamen Wesen, die sie wieder herauslesen. Wir allein können staunen. In der Krise noch weit mehr als sonst zu besonderen Anlässen.

Kunst als Ressource – Naturkunst: Landschaftsmalerei

Den wohltuenden psychotherapeutischen Effekt, den die Natur auf die gepeinigte Seele hat, übt aber nicht nur die Hingabe und der sensibilisierte Blick auf die unverstellte Landschaft aus, sondern auch jener, mit dem wir sie künstlerisch gestaltet und in Gold gerahmt an der Wand der großen Kunstmuseen betrachten. Im Kleinen das Stillleben, im Großen die Panorama-Landschaft – sie haben mindestens dieselbe Wirkung auf unser Gemüt.

Ich kenne diesen Effekt aus der Erfahrung meiner eigenen Krise. Ich erinnere mich an ein Wochenende in München, das ich an eine Vortragsveranstaltung dranhängte, als ich zum ersten Mal bemerkte, dass mich Gemäldegalerien und Kunstmuseen ganz anders und viel stärker als sonst in meinem Leben angezogen haben. Nicht so sehr motiviert aus Bildungsinteresse, sondern eher als Orte des Heilwerdens, der Linderung, der Harmonie und inneren Aufgehobenheit. Heute weiß ich, eine Gemäldegalerie ist, wie auch der Wald, eine Art Seelensanatorium, heute würde man vielleicht zeitgemäßer sagen: eine Wellness-Oase. Nicht, dass ich nicht auch früher schon ein kunstbegeisterter Mensch gewesen wäre, aber die Art der Anziehung war irgendwann eine ganz neue. Statt einem durchschnittlich ausgeprägtem Kunstinteresse, war es jetzt ein ganz ähnliches Gefühl wie jenes, das mich sonst nach einer anstrengenden Tour im Hochgebirge in den Spa-Bereich eines schönen Hotels geführt hatte. Es war die Vorfreude, ausgerechnet hier eine Art heilsame, lindernde Wohlaufgehobenheit zu finden. Tatsächlich, beim Betrachten von Gemälden stellen sich bei mir bis heute Zustände innerer Erfrischung und Erquickung ein, die ich so früher nicht gekannt habe.

In jeder Großstadt, in der ich heute bin, führt mein Gang seither nahezu immer in die großen Gemäldegalerien oder Kunstmuseen. Nachdem ich die großen Empfangshallen durchschritten habe, wird mir ganz warm ums Herz. Ich schlendere beseelt durch die Hallen, beginne mit den alten Meistern, aber meine Begeisterung steigert sich besonders, wenn ich die Galerien mit den Landschaftsmalern des 19. Jahrhunderts betrete. Wie im Rausch wandle ich von Gemälde zu Gemälde, bleibe vor diesen unfassbar zauberhaften Panoramen stehen, lasse mich hineinziehen in diese großartigen Täler und Ebenen, am liebsten in jene, die nach hinten, in eine unendliche Tiefe weisen, die keinen Horizont zu haben scheinen, kein Ende kennen. Der niederländische Landschaftsmaler Barend Cornelis Koekkoek, vor allem wenn er in seinen traumhaften Landschaften ungestüme Stürme blasen lässt, er hat es mir angetan, Cornelis Lieste, der wie kein zweiter eine Unendlichkeit der Weite in seine Heidelandschaften legte, Remigius van Haanen mit seinen unnachahmlichen Wolkenhimmeln, Frederik Marinus Kruseman, Andreas Schelfhout und all die anderen. Dann aber auch geheimnisvoller, impressionistischer

Gustave Courbet und Camille Corot, Hippolyte Boulengers Gewitterlandschaften, Mond beschienene Nächte von Charles-Francois Daubigny, oder bodenständiger: der gute Hans Thoma, der meinen geliebten Schwarzwald so herrlich gemalt hat – sie alle erreichen mich, ich sauge alles begierig auf: die Schönheit von Tagesstimmungen, die Saumseligkeit rauschender Wälder, die Friedlichkeit murmelnder Bäche, die Kühnheit jäh abfallender Felsformationen, die Erhabenheit atemberaubender Ausblicke in sonnenbeschienene Niederungen – das ist Balsam für meine Seele.

Beim Betrachten von Gemälden der Landschaftsmalerei geht es nie allein um ein passives Wahrnehmen oder gar um »Konsum«, sondern wir steigen gleichsam in diese Landschaften hinein, gehen auf in ihnen. Dieses Einsteigen wird umso leichter fallen, je suggestiver die Malweise ist, in der ein Gemälde gehalten ist. Genau darin aber waren die romantischen Maler des 19. Jahrhunderts wahre Meister, so sehr vielleicht, wie keine ihrer Kollegen in anderen Epochen. Das Suggestive entstand in diesen Gemälden nicht durch die Zuckersüße, sondern – wie wohl überhaupt in jeder guten Kunst – durch die Mehrdeutigkeit und das Geheimnis, die ein Maler in sein Kunstwerk hineinzulegen vermochte. Bei den romantischen Landschaftsmalern war es ein Faible für meteorologische Übergangsstimmungen, die deren große Meisterwerke auszeichnen, Dämmerungen, Aufziehen von neuem Wetter. Immer ist so etwas wie ein »Stimmungs-Rätsel« in diesen Bildern. Bei den Landschaften, von denen mittlerweile auch ein paar an meinen eigenen Wohnzimmerwänden hängen, und die ich also jeden

Tag aufs Neue betrachte, meint man tatsächlich, sie hätten eigene Tageszeiten, man glaubt die Dämmerung in ihnen wahrzunehmen, den Sonnenaufgang, ja, sogar so etwas wie sich abwechselnde Jahreszeiten. Sie sind Illusionen, die dem eigenen Lebensraum hinzugefügt werden, Grenzaufhebungen, der Blick hinein in ihre Tiefen weckt so etwas wie eine metaphysische Stimmung in uns und entrückt uns auf wundersame Weise von der realen Welt. Großartig, weit, mitreißend, überwältigend sind die Landschaften der Romantiker. Stets beleuchtet von raffiniert gesetzten Lichteffekten von Sonnen, die aufgehen, untergehen oder sich hinter schroff aufragenden Felsformationen verstecken und von dort aus ihre Strahlen werfen, eine kühne Dramatik in die göttliche Schöpfung zaubern, so dass es einem den Atem nimmt.

Krisen lehren uns, die Kunst zu genießen

Über die Wirkungsweise von Bildern ist viel geschrieben worden. Es scheint, als würden wir gerade in der romantischen Landschaft etwas wiedererkennen, was uns wärmt, als ob es in uns eine schlafende emotionale Erinnerung geweckt habe. Es scheint, als müssten es vertraute Orte sein, die wir da sehen, denn nur solche Orte können in uns Gefühle von Harmonie und Aufgehobenheit hervorrufen. Ist am Ende Erkennen nichts anderes als ein Lust bereitendes Wiedererkennen eines eigenen früher erlebten Zustands, wie es schon Aristoteles formuliert hat? Fühlen wir uns von Kunst, die uns so berührt, deswegen so angesprochen, weil wir glauben, die Welt dort auf der Leinwand zu kennen, sie oder zumindest Teile von ihr schon einmal selber gesehen oder erfahren zu haben? Erkennen am Ende nicht wir die Kunst, sondern viel mehr sie uns? Liegt also im »Kunstgenuss« stets eine Art Wiedererkennen vor, das uns erst so freudig stimmt – oder genügt es schlicht, dass da einer ein ganz und gar neuartiges, uns völlig unbekanntes Idyll geschaffen hat, das uns Geborgenheit, Harmonie, Ruhe oder was auch immer vermittelt, auf uns überstrahlt und in uns wirkt?

Was geschieht genau, wenn wir Kunstwerke betrachten? In der Psychologie werden in den letzten Jahren immer mehr seelische Wirkungsweisen durch neuronale Prozesse im Gehirn erklärt, so viele gar, dass man heute manchmal mit gutem Grund von einer neurologischen oder physiologischen Überdeterminierung des Psychischen sprechen muss. Dennoch, interessant ist es allemal, was die Hirnforschung in letzter Zeit herausgefunden haben will, wenn es etwa um die neuronalen Wirkungen geht, die von visuellen Wahrnehmungen ausgelöst werden. Der amerikanische Neurologe und Nobelpreisträger Eric Kandel hat mit »Das Zeitalter der Erkenntnis« ein großartiges Buch geschrieben, in dem er sich mit der Wirkungsweise von Kunst im Gehirn von uns Betrachtern beschäftigt. »Mittlerweile wissen wir«, schreibt Kandel, »dass der Anblick eines geliebten Bildes, genauso wie der Anblick eines geliebten Menschen, nicht nur den orbitofrontalen Cortex aktiviert, der auf Schönheit reagiert, sondern auch die dopaminergen Neuronen an der Hirnbasis, wenn eine Belohnung zu erwarten ist.« Kunst erlaube uns eine »Vielzahl verschiedener Erfahrungen und Emotionen in unserer Fantasie zu erforschen und zu erproben.« Der Kunstphilosoph Denis Dutton geht noch weiter. In seinem 2009 erschienenen Buch »The Art Instinct. Beauty, Pleasure and human Evolution«, führt er aus, Kunst bedeute uns so viel, »weil sie uns beschenkt mit einigen der tiefgreifendsten, emotional bewegendsten Erfahrungen, die Menschen zugänglich sind.«

Was nun genau in unserem Gehirn passiert, wenn wir Kunst betrachten, egal, ob es nun hirnneuronale oder psychologisch-kognitive Prozesse sind, das ist im Grund nicht so wesentlich. »Unsere empathische Reaktion ist das Nachempfinden der Emotion einer vom Künstler dargestellten Figur«, sagt Kandel. Die Hirnforschung erklärt diesen Prozess über Erkenntnisse, die man über die Funktionsweisen der sogenannten Spiegelneuronen in unserem Gehirn gewonnen hat. Unser Gehirn kann nämlich nicht unterscheiden, ob wir selbst Glück oder Furcht empfinden, oder ob wir sie »nur« im Gesichtsausdruck eines fremden Menschen sehen: es werden dieselben Schaltkreise aktiviert. Deswegen verdrücken wir im Kino bei der Liebesschnulze auch dann ein paar Tränen ins Taschentuch, wenn wir genau wissen, dass es sich nur um einen Film handelt. Und genauso lassen wir uns von Gefühlen, die ein Kunstwerk vermittelt, emotionalisieren. Eric Kandel hat in seinem Buch fast ausschließlich über Portraitmalerei geschrieben. Wie aber verhält es sich bei Landschaften oder Naturbildern? Was löst jenen beruhigenden Effekt aus, den gerade Licht durchflutete Landschaftsdarstellungen auf den Menschen haben?

Insbesondere die romantischen Maler des 19. Jahrhunderts hatten die Meisterschaft entwickelt, Gefühle in ihren

Betrachtern zu wecken. Jef Rademakers, Besitzer einer der größten Gemäldesammlungen romantischer Landschaften weltweit, schreibt: »Die Landschaft sollte vor allem ein Gefühl zum Ausdruck bringen und hervorrufen: das Gefühl des Malers und die Emotion des Betrachters.« Und er schließt: »Um dieses Ziel zu erreichen, war im Grunde jedes Mittel erlaubt.« Er weist damit auch auf den Komplex hin, der der Romantik folgte, dem Kitsch der röhrenden Hirsche und klappernden Mühlen am rauschenden Bach als einer Form der überzuckerten Kunst, deren einziger Zweck es ist, Gefühle auszulösen und die dabei den guten Geschmack verlässt, süßlich und klebrig wird wie ein zähes Kaubonbon. Ganz egal, ob nun Kitsch oder hohe Kunst, es geht um die unbestreitbare Qualität gerade von Landschaftsbildern, in ihren Betrachtern euphorische wie melancholische Gefühle auszulösen. Kunst, so einfach ist das, steigert unser Wohlbefinden, indem sie den Betrachter »bewegen« – mit einem wunderschönen, uralten deutschen Wort: ihn »ergötzen«.

Der Empathie-Effekt ist in der Landschaftsmalerei kein direkter personaler, wie bei einem Portrait, das uns über den Weg gespiegelter Figürlichkeit anrührt. Was da auf uns überströmt, ist eine allgemeine Stimmung, die Stimmung einer Landschaft, getaucht in ein bestimmtes Licht zu einer bestimmten Tages- und Jahreszeit, die sich über die innere Landschaft des Betrachters legt und sich so auf den Betrachter überträgt.

»Die Bilder in der Kunst repräsentieren ... weniger die Wirklichkeit als vielmehr die Wahrnehmungen, Fantasien und Erwartungen ihrer Betrachter sowie deren Wissen über andere Bilder, Bilder, an die sie sich erinnern«, schreibt Eric Kandel. Da wir Kunstwerke wie überhaupt Bilder stets vor bereits gewonnenen individuell einzigartigen Erfahrungen sehen, hat man oft angenommen, jeder Mensch sähe in einem Bildnis der Kunst etwas ganz anders. Wenn man sich mit dem Prozess des Aneignens eines Kunstwerkes jedoch genauer befasst, fällt bald auf, dass dies nicht zutrifft. Es ist vielmehr so, dass nur der Einstieg, also der anfängliche erste Zugang zu einem Kunstwerk ganz individuell ist. »Jeder kommt gewissermaßen aus einer anderen Erfahrungsecke mit einem Kunstwerk in Kontakt, ausgestattet mit ganz eigenen psychischen Erfahrungen und Reaktionsweisen auf die äußere Welt«, sagt Sonja Pöppel, Kunsttherapeutin aus Köln. »Wer sich aber wirklich länger, also mindestens über eine gewisse Zeitspanne hinweg, auf ein Kunstwerk einlässt, wird am Ende stets alle seelischen Stimmungslagen erleben können, die in einem Kunstwerk angelegt sind, also auch jene, die in einem ersten Erleben noch nicht zugänglich waren.«

Eine Waldlandschaft in der Abenddämmerung: Es mag sein, dass sie dem einen auf das ersten Besehen »traurig« erscheint, von einem anderen dagegen »heiter«, ja »Euphorie auslösend« empfunden wird. Wie das? Beide Stimmungen, alle Stimmungen sind in diesem Gemälde angelegt. Allerdings überträgt sich zunächst nur jene Stimmung und hinterlässt bei uns einen Eindruck, die wir am besten kennen. Wir blicken so auf dieses Gemälde, wie wir gelernt haben, unsere Welt zu sehen. Was meine Psyche unterdrückt, blende ich zunächst aus, aber es drängt nach diesem Primäreindruck zeitverzögert genauso in meine Wahrnehmung – wie bei anderen Betrachtern auch. Bald steigen in uns auch die anderen, uns eher fernliegenden Erfahrungen auf, mit einem heilsamen Effekt: was uns fehlt, finden wir im Kunstwerk.

Selbst bei scheinbar eindeutigen Fällen verhält es sich so. Ein anderes Beispiel. Der französische Naturalist Leon Lhermitte hat 1875 ein Bild gemalt, das den Titel trägt »Nach der Messe in Saint Mélanie in Morlaix«. Dargestellt ist eine sonntägliche Szene vor einer Kirche in der Provinz. Ein paar traurige Gestalten treten nach dem Gottesdienst aus einer kleinen Kirche hinaus in einen trüben Novembertag. Manche von ihnen stehen herum, plaudern noch ein wenig, geben dem Bettler ein Almosen. Die anderen haben schon den Heimweg angetreten, verschwinden irgendwo im Hintergrund. Aber obwohl dies ein Sonntagsbild ist, ist von Gottes Anwesenheit wenig, man könnte auch sagen, gar nichts zu spüren. Der Himmel ist grau und abweisend, so wie die Steine des Pflasters, der Häuser und der Straßen. Keine einzige Pflanze ist in diesem Bild zu sehen, kein Baum, keine Blume, nichts. Ist das nicht viel eher ein Bild der Gottverlassenheit? Wenn man lange genug das Bild absucht, kann man drei weiße Tauben entdecken, die auf dem Dachfirst des Kirchenschiffs hocken. Und man sieht ein winziges, hell erleuchtetes Dachfenster unter diesem grauen Himmel. Auf einmal wird dasselbe Bild, das zunächst trist und trostlos erschien, zu einem Symbol der Hoffnung, des Glaubens, ja des Lebens. Licht inmitten der Dunkelheit. Lhermittes Gemälde ist ein eindrücklicher Beweis dafür, dass in einem Kunstwerk tatsächlich alle Emotionserfahrungen angelegt sind und immer auch diejenigen darunter den Weg zum Betrachter finden, die ihm vielleicht am fernsten liegen.

Der Psychologe und Begründer der »morphologischen Psychologie« Wilhelm Salber spricht in diesem Zusammenhang von einem »kunstanalogen« Funktionieren des Seelischen. Kunst und Seelisches legten sich praktisch gegenseitig aus. Kunstwerke sind daher geeignete Instrumente, seelische Strukturen sichtbar zu machen. »Die Kunst ist ein Diagramm unser Seele«, hat Hartmut von Hentig in seinen Schriften zur ästhetischen Pädagogik geschrieben. »Sie erfindet die Chiffren, mit denen die Tiefenpsychologie sie selbst deutet. Die Geschichte mit Ödipus war vor Freud. Die Tiefenpsychologie ist so alt wie die Kunst.«

Künstler sind Menschen, die etwas können, was nur wenige können: Sie können in ihren Kunstwerken die eigenen inneren Stimmungen kreativ ausdrücken, sie geben ihnen eine Form, ein Gesicht – das wiederum andere betrachten und nacherleben können. Menschen in der Krise können oft mehr als andere intuitiv solche Stimmungen erkennen, sie identifizieren sich mit ihnen. Künstler verleihen also auch unserer Trauer oder Melancholie, unseren Krisengefühlen einen Ausdruck. Gleichzeitig aber sehen wir in den Bildnissen der Kunst immer auch das Beschwingte, Heitere, Leichte, all das, was uns abhandengekommen ist, und richten uns daran wieder auf. Wer also glaubt, nur noch einen Blick für das Verhangene, Trübe und Graue dieser Welt zu haben, für den kommt irgendwann immer auch das Schöne, Erhabene, Freie, Luftige, Himmelblaue hinzu. Man erkennt plötzlich in dem oberflächlich tristen Bild eine Schönheit, die genauso in ihm verborgen ist, für die man jedoch bislang keine Augen hatte – und freut sich daran.

Für Sonja Pöppel, die zurzeit an ihrer Dissertation arbeitet, ist ein Kunstwerk immer ein Medium zur Bewusstseinswerdung und dann auch zur Selbstheilung ihrer Betrachter. In ihrer Arbeit schreibt sie über die sogenannte rezeptive Kunsttherapie, also eine Form, die sich für Patienten die heilende Kraft zunutze macht, die von Kunstwerken ausgehen kann, und die im Wahrnehmungsprozess vom Betrachter erfahren und erlebt wird. Was dabei als Therapieerfolg angesehen wird, hängt, wie sie schreibt, vom eigenen Therapiebegriff ab: »Es gibt Vertreter von rezeptiv-kunsttherapeutischen Ansätzen, die davon ausgehen, dass sich ihre Patienten mit ihren eigenen Problemlagen in den Werken von Künstlern wiederfinden und darüber erst in der Lage sind, Dinge zu verbalisieren, die vorher nicht möglich gewesen wären. Und es gibt Vertreter rezeptiv-kunsttherapeutischer Ansätze, die einen Erfolg darin sehen, dass sie ihre Klienten über die Auseinandersetzung mit Kunstwerken zu eigenen bildnerischen Gestaltungsprozessen anregen und damit ihre Kreativität fördern.«

Kreative Krise – Krisen machen uns zum Künstler

Krisen sensibilisieren uns nicht nur, sondern bringen auch unser eigenes kreatives Potenzial zur Geltung. Krisen entfesseln erst Kraftreserven, die sonst nicht freigeworden wären. Nirgendwo so sehr wie in der Kunst kann man das beobachten. Menschen entfalten gerade in Krisenzeiten eine ungeahnte eigene Kreativität, werden selbst zu Künstlern, Poeten, Schriftstellern und therapieren sich dadurch selbst.

Aber was ist das genau, was Menschen hilft oder heilt, wenn sie kreativ werden, wie therapiert die Kreativität den Menschen? Kreativität in der Kunst ist eine ästhetische Form des Gefühlsausdrucks. Vor allem bedrückende Seelenlagen werden durch den freien künstlerischen Ausdruck ausagiert. Im kreativen Akt erleben Betroffene ihr Problem. Es lässt sich dadurch an die Oberfläche des Bewusstseins befördern, eigene seelische Prozesse werden sichtbar, innere Konflikte lassen sich durch unterschiedliche Materialen der bildenden Künste auf einmal betrachten, vielleicht anfassen, auf jeden Fall besser begreifen. Das eigene seelische Problem ist nun ausgedrückt, es liegt vor – zum Kunstwerk verwandelt. Das Kunstwerk, das dabei entsteht, ganz egal, wie und ob es »gelungen« ist, wird zu einer Art Spiegelbild der Seele. In einem nächsten Schritt werden diese Formen des Krisenumgangs therapeutisch betrachtet, um dann daraus Wandlungsprozesse anzuregen. Aber auch schon der unmittelbare Akt des Ausagierens wird heilsam erlebt. Im kreativen Herausbewegen erfahren Menschen so etwas wie eine innere Klärung und Lösung ihrer Anspannungen, wie beim Weinen oder Lachen, eine Art innere Katharsis. Wenn das kreative Ventil geöffnet wird, lässt bald der innere Druck nach, die innere Unordnung legt sich, eine Befriedung der Seele tritt ein.

Es ist jedoch nicht nur so, dass die eigene Kreativität zu entfesseln, gerade Menschen in Lebenskrisen ungemein hilft, nein, genauso trifft zu, dass Krisen diese Kreativität oft erst freisetzen! Diese Denkfigur der Reziprozität stammt aus der Kunsttherapie, sie findet sich interessanterweise jedoch auch in Betrachtungen zur Kulturgeschichte der mitteleuropäischen Gesellschaften. Der große österreichische Kulturhistoriker Egon Friedell hat von 1927–31 eine mehrbändige »Kulturgeschichte der Neuzeit« geschrieben. Zu Beginn dieser Schrift ging er der Frage auf den Grund, was denn die Epoche, die man heute die Neuzeit nennt, also jene Zeit, die seit der Renaissance den Weg in unsere Moderne weist, nach vielen »dunklen« Jahrhunderten in Gang gesetzt hat. Seine Antwort: eine Krise. Genauer eine Krankheit. Für ihn steht am Anfang der Entwicklung zur Neuzeit die Pest, die im 14. Jahrhundert Europa heimsuchte. »Dass nämlich Krankheit etwas Produktives ist«, führt er aus, »diese scheinbar paradoxe Erklärung müssen wir an die Spitze unserer Untersuchungen stellen.« Auch in der Geschichte dürften »Erschütterungen des bisherigen Gleichgewichts durchaus nicht immer unter die verderblichen Erscheinungen gerechnet werden.« Vielmehr sei es offensichtlich, so Friedell weiter, »dass jede fruchtbare Neuerung, jede wohltätige Neubildung sich nur auf dem Umwege eines Umsturzes zu vollziehen vermag, einer Disgregation der Teile und Verschiebung des bisherigen Kräfteparallelogramms.«

Das Phänomen der Krankheit sei mit dem Geheimnis des Werdens eng verknüpft. Das ist Friedells originelle wie weitreichende Beobachtung. Aber nicht nur, was die Entwicklung ganzer Gesellschaften und Völker angeht, nein, er sieht dieselben Prozesse – ganz psychologisch – auch bei jedem einzelnen Menschen am Werk, auch der einzelne

Mensch entwickle sich durch Krankheit: »Der kranke Organismus ist unruhiger und darum lernbegieriger, empfindlicher und darum lernfähiger; ungarantierter und darum wachsamer, scharfsinniger, hellhöriger; in dauernder Gewohnheit und Nachbarschaft der Gefahr lebend und darum kühner, unbedenklicher, unternehmender; näher der Schwelle der jenseitigen Seelenzustände und darum unkörperlicher, transzendenter, vergeistigter.« Es gibt viele, viele prominente Beispiele in der Geschichte der Kunst, der Literatur, der Philosophie: Leiden, Krankheit, Krisen – sie setzen stets irgendwie Produktives in Gang, eine neue ungeahnte Fülle von Ideen und Ausdrucksformen.

Franz Schubert, Vincent van Gogh oder Frida Kahlo – ohne ihr unsägliches Leiden sind sie überhaupt nicht verständlich, wären ihre Werke kaum so großartig, so intensiv, so dramatisch. Van Goghs »Blick auf Arles« von 1889 etwa ist wohl eines der eindrucksvollsten Beispiele der Kunstgeschichte, wie Leiden Schönheit hervorbringt – wieder sind beide polare Elemente im Bild vereint! – und gleichzeitig prozessual, wie sich Leiden in Schönheit wandeln lässt. Zu sehen ist auf diesem Ölgemälde das südfranzösische Provinzstädtchen Arles aus der Ferne, ein idyllischer Ort, gelegen an einem Berghang mit hübschen Häuschen, einer Kirche, davor fette Felder, eine äußerlich von Glück beschienene Szenerie – aber alles in ein kühles Blaugrün getaucht. Der Blick des Betrachters muss erst seinen Weg durch krüppelige Weiden hindurch finden, die das schöne Städtchen verstellen und die van Gogh in den Vordergrund gesetzt hat wie eine undurchdringbare Grenze zwischen sich und dem Ort, den er sich für seine Wahlheimat aussuchte – und in dem er doch nie wirklich heimisch wurde.

Das Leiden macht empfänglich für das Schöne und bringt es gleichzeitig hervor. Menschen, die die Kunst für sich entdeckt haben, werden durch das Leiden inspiriert und therapieren sich dadurch gleichzeitig, weil ihr Leid einen Ausdruck findet, weil sie es, wie man heutzutage in Künstlerkreisen zu sagen pflegt: rauslassen. Ein anderes berühmtes Beispiel dafür sind die Schwestern Charlotte, Emily und Anne Brontë, die eine Kindheit voller Armut und Grausamkeit, im Grunde eine nicht enden wollende Dauerkrise durchleben mussten und dennoch aus diesem unermesslichen Leid Blüten einer unglaublichen Schönheit hervorgebracht haben. »Wenn sich die ganze Welt gegen einen Menschen wendet, wenn er um sich herum nur Missgunst und Feindschaft zu spüren bekommt, wenn keiner ihn liebt, lässt es sich in einer so schrecklichen Isolation überhaupt leben?« Die rhetorische Frage richtete der Brontë-Biograph Werner Waldmann an die Hauptfigur von Charlotte Brontës weltberühmten Roman »Jane Eyre«. Dieser Roman erzählt die Geschichte eines solchen Kindes, das wie seine Autorin selbst, unsäglich gelitten hat – und sich doch mittels seiner Phantasie vom Leiden und der Trostlosigkeit befreit. Der Roman beginnt mit einer Wetterschilderung, die nichts anderes als die innere Befindlichkeit von Jane ausdrückt, kalter Winterwind, düstere Wolken, alles durchdringender Regen – die schauerliche, nasskalte Atmosphäre durchzieht das Werk im Grunde aller drei Schwestern. Aber, und das ist das Erstaunliche: in ihrer Fantasie haben sich die Brontë-Schwestern sonnenbeschienene Reiche voller Pracht geschaffen, so schön, so bunt, so abenteuerlich, um ihrer unmenschlichen Existenz in der Trostlosigkeit der sturmgepeitschten Hochmoore von Yorkshire wenigstens im Geist hin und wieder zu entkommen. In ihren Romanen haben sie sich schließlich selbst ein zweites Mal erfunden und so unterdrückte Anteile ihrer Persönlichkeit lebendig werden lassen.

Auch Rainer Maria Rilke, der mit fünfzig Jahren an einer zu spät erkannten Leukämie unter schlimmen Schmerzen einen grausamen Tod sterben musste, hat unfassbares Leid in wundervolle Worte verwandelt, er gab, wie Ulrich Baer geschrieben hat, »dem Unausweichlichen eine Sprache«. »Der Trieb zur Kunst«, erkannte Rilke, »ist ja nichts als eine fortwährende Neigung, die Konflikte auszugleichen, die unser, aus so verschiedenartigen und einander oft widerstrebenden Elementen sich immer wieder neu bildendes Ich gefährden und spannen.« Und noch einer verdient hier eine Erwähnung, Friedrich Nietzsche, dessen depressive Leiden zurecht immer wieder mit seinem Werk in Verbindung gebracht wurden: In ihm sprudelte die Quelle seines Denkens nicht nur umso mehr und umso großartiger, je mehr sich sein körperlicher Zustand verschlechterte, nein, er versuchte regelrecht, wie Rüdiger Safranski einmal in seiner Nietzsche-Biografie formuliert hat, »sich durch sein Denken zu vitalisieren«, tatsächlich durch eine »fröhliche« Wissenschaft seinen Schmerz zu bekämpfen. Den intensiv erlebten kreativen Gedanken erlebte er tatsächlich als Gegengewicht zum Leiden. Frei und voller Begeisterung zu denken, half ihm immer wieder, mit seinem körperlichen Gebrechen besser fertig zu werden. Zu denken bereitete ihm immer auch ein gewisses seelisches Wohlbefinden.

Die Welt der Fantasie ist es, die uns immer bleibt. Diese Welt wird reicher in den Tagen tiefer Krise – das ist eines ihrer wenigen Geschenke. In vielen Fällen werden diese Welten umso größer und großartiger, glänzender und vollendeter, je härter uns das Leiden bedrängt. Das Leiden, das in Krisenzeiten über uns kommt, setzt unsere Fantasie in Gang, unser Denken und unser seelisches Empfinden. Die eigene Kreativität, die der Schmerz in Gang bringt, schafft ein Gegengewicht, das die Krise erträglicher macht.

Was aber ist der richtige Weg, um sich Kunst als Resilienz-Ressource nutzbar zu machen? Die Schönheit rezipieren in der Natur, auf Bergesrücken oder im Kunstmuseum oder lieber selber dichten, philosophieren, den Pinsel schwingen? Wer genauer hinsieht, erkennt bald, dass es den Unterschied von aktiver, kreativer und passiver, rezeptiver Kunsterfahrung gar nicht gibt. Es gibt den kreativen Anteil nicht nur beim Selber-Tun, Gestalten, Schaffen, sondern auch beim Schauen und Betrachten, weil es Auseinandersetzung bedeutet, innere Suchprozesse auslöst, eigene Konstruktionsleistung erfordert. So gesehen ist schon das intensive Betrachten, die Auseinandersetzung mit dem Kunstwerk selbst ein schöpferischer Akt.

Anders hören – Musik als Ressource

Eine gesteigerte Empfindsamkeit für Musik – auch diese Erfahrung ist typisch für Menschen in Krisen. Tatsächlich machen Leidgeprüfte die Erfahrung, dass sie Musik in den schweren Phasen tiefer bewegt als im alltäglichen Leben und sie ihnen mehr zu geben vermag als in sonstigen Lebenslagen.

Beim Gefühl, das durch Musik – und auch durch die Werke der bildenden Künste – ausgelöst wird, stellt sich der therapeutische Effekt auf denkbar unmittelbare Weise ein: Musik ist nicht nur immer unmittelbar, also an ein gegenwärtiges Erleben gekoppelt, sondern unstatisch, selbst ein Fließen. Mitreißende Musik hören ist Mitfließen. Sie entrückt einen augenblicklich vom eigenen Leid, zieht einen wie in einem Fluss von einem selber fort. Mit der Musik, mit der Kunst tragen wir uns selber vom Schmerz der Krise weg. Auch in der Musik spielt es keine Rolle, ob wir selbst musizieren oder rezeptiv, also hörend in sie hineintauchen. Selbst zu singen oder ein Instrument zu spielen, steigert die Freude, genauso sich von Musik bezirzen, berauschen, Richard Wagner hätte gesagt: erlösen zu lassen. Man hat es längst auch neurologisch nachweisen können, die Emotionen, die das Musizieren oder Singen freisetzt, bewirken genau dort im Gehirn Freude, wo sonst das Angstgefühl ansässig ist, an der Amygdala, dem Mandelkern.

In meiner ersten großen Lebenskrise hörte ich oft Franz Schuberts Sinfonien, vor allem die Unvollendete, immer wieder, aber vor allem: neu und ganz anders als zuvor. Ich hörte Goran Bregovićs wundervolle Weisen, versammelt auf einem Soundtrack zu Emir Kusturicas Spielfilm »Arizona Dreams«. Ich habe plötzlich viel mehr von der Musik gefühlt als zuvor. Ich hörte Musik mit einer viel intensiveren Wirkung auf mein Gemüt, und ich fand einen Zugang zu Musik, die ich bis dahin kaum oder nie gehört hatte. In den ersten Jahren nach dem Tod meiner Frau, in Zeiten tiefer Trauer, kam ich dadurch für mich ganz unverhofft verschiedenen Komponisten näher. Einer, der neu in meinem Club war, war Gustav Mahler. Dieser Komponist war für mich früher eher ein musikalischer Grenzfall, sehr anspruchsvoll, schwer zugänglich, eher etwas für absolute Hörexperten. Heute bin ich bereit für Mahler. Zuletzt auf der Fahrt auf der nicht enden wollenden Autobahnbrücke über den großen Belt zwischen Fünen und Seeland auf dem Weg nach Kopenhagen. Bei prächtigem Sonnenschein im August und dem Anblick der majestätischen Ostsee legte ich seine dritte Sinfonie ein – und habe noch selten so geschwärmt und gefühlt. Ich habe mir seine Musik nicht angestrengt »erarbeiten« müssen, wie früher im Musikunterricht oder im Klassikkonzert, das ich als Zwölfjähriger mit meinen Eltern oft eher widerwillig besucht hatte, sondern sie gab mir nun etwas wie von selbst, ganz ohne ein Bemühen, weil sie etwas in mir anrührte.

Ich fühlte Lebendigkeit, Trauer und Glück, ich glaubte, etwas von dem empfunden zu haben, was Mahler empfunden hat. Ich fühlte etwas von dem Gefühl, das er ausdrücken wollte. Die Verzweiflung, die in dieser Musik liegt, die Erinnerungen, sein gewaltiger Versuch, sich immer wieder höher hinauf und dann zu noch höheren, komplexeren, aber stets unvollendeten musikalischen Gebilden hochzuschwingen, sein Scheitern bei diesem Versuch, das Einstürzen dieser Tontürme und -gewölbe, das selbst Thema dieser Musik ist. All das hatte etwas mit mir zu tun – und deshalb konnte es mich erreichen.

Vergehen und Werden – Krise als Thema von Natur und Kunst

Krisenerleben ist Trennungserleben, und gerade für Menschen in Krisen ist Werden und Vergehen das zentrale Lebensthema. Aber genau dieses Thema wird in der Betrachtung von Kunst wiedergefunden, sagt Sonja Pöppel. In der Kunst, wie ganz genauso in der Natur, findet man sich wieder mit den eigenen großen Fragestellungen an das Leben. In der eigenartig empfindsamen inneren Gestimmtheit, in die uns eine Krise versetzt, erleben wir immer auch das Gefühl von Abschied, das mit Vergehen und Werden zusammen erlebt wird. So erklärt sich, warum auf der einen Seite bei Menschen in schweren Krisen ein neuer Sinn für das Schöne geweckt wird, auf der anderen Seite aber auch, warum dieses Empfinden immer mit einer gewissen Wehmut erlebt, man könnte auch sagen: mit nostalgischen Gefühlen aufgeladen wird. Denn das, was da als Schönes entdeckt und erschlossen wurde, will festgehalten werden, und man weiß doch nur zu genau, dass es vergänglich ist und wir es schon bald wieder hergeben müssen. Und das wissen eben von Krisen Erschütterte nur zu gut: Schönheit und Wehmut sind meist eng beieinander. Wer dies vergessen haben sollte, höre nur das »Poco allegretto« aus der dritten Symphonie von Johannes Brahms oder Schuberts Unvollendete.

Die Ressourcen, die Musik und die Kunst für Menschen in der Krise bereithalten, auch sie sind, wie der Mut oder die Verbundenheitsgefühle, in jedem schlummernde Kräfte der Resilienz, die das Leid der Krise kompensieren: die Krise wird nicht kleiner durch die Entdeckung der Schönheit – oder dem Entstehen eines tieferen Empfindungsvermögens, aber es bildet sich bald eine Art Gegenpol, eine Gegenkraft, die dem Schmerz ein gleichzeitig angenehmes erhabenes Gefühl zugesellt und ihn beizeiten sogar vergessen macht.

Krisen, die wir in unserem Menschenleben durchstehen müssen, lehren uns, die Welt, die uns umgibt, immer wieder neu und mit anderen Augen zu sehen. Krisen führen immer dazu, einen Schritt zurückzutreten, eine andere Perspektive einzunehmen. Und immerzu ist es am Ende der veränderte Blick, dem auf einmal etwas auffällt, was er so nie gesehen hat: die Schönheit unserer Welt. Aber hinter der Schönheit verbirgt sich das Gefühl! Ja, das Schöne *ist* ein Gefühl. »Nicht das Schöne hat Wirkungen, sondern es ist eine Wirkung«, hat Hartmut von Hentig einmal geschrieben. Leiden bringt Erkenntnisse, Tiefe im Fühlen, aber es befördert nicht nur die traurigen, »schwarzen« Gefühle, sondern die Gefühle insgesamt, es erhöht gleichsam unsere Resonanzfähigkeit, macht uns gefühliger als Menschen – und wohl deshalb werden wir trotz aller Verzweiflung gerade in der Krise, sobald sich ihre Anfangsstürme ein wenig gelegt haben und die wilden Wellen abebben, zu einem unerwarteten Genuss fähig. Das Leiden selbst bringt uns in Stimmung für das Schöne. Die Kunst trifft auf eine empfängliche Seele und versetzt sie trotz des Schmerzes in die Lage, wieder ins Schwärmen zu kommen, euphorisiert und begeistert zu sein.

Lebenskrisen führen uns ganz nach unten zu uns selbst. An den Boden unserer Existenz. Sie zwingen uns zu einem Prozess der Veränderung: sie lassen uns reifen. Gleichzeitig eröffnen sie uns einen neuartigen Zugang zur Welt: Vieles von dem, was wir noch nicht gesehen, gehört oder gefühlt haben, jetzt empfinden wir es. Wir wachsen nicht nur an der Krise, um sie aushalten zu können. Wir reifen als Menschen insgesamt. Wir führen am Ende ein volleres, ja reicheres Leben als zuvor. Ein Mensch, der durch Krisen gegangen ist, hat nicht nur mehr gesehen und gefühlt, mehr erfahren als andere, er ist tatsächlich auch »reicher« an Leben als einer, der nie ganz unten war.

Am Ende entsteht inmitten tiefer Krisen nicht selten eine große Dankbarkeit in uns. Eine Dankbarkeit und Freude über das Schöne in der Welt, in der Kunst und in der Natur. Die Romantiker waren die ersten, die diesen dankbaren Blick auf die Natur in ihren Kunstwerken kultiviert haben. Sie verherrlichten in ihrer Kunst nicht länger Gott, wie dies über Jahrtausende einziger Sinn und Zweck der Kunst gewesen ist, sondern verlegten ihr Augenmerk vom Schöpfer auf die Schöpfung. In ihrem Blick kommt ein großes Gefühl der Dankbarkeit zum Ausdruck, das auch wir als Betrachter empfinden können. Dankbar zu sein für die schöne Welt, die uns umgibt, das können spätestens seit der Romantik auch alle Atheisten dieser Welt – und damit wir alle zusammen, ob wir nun religiös sind oder nicht. Dankbar nicht mehr unbedingt einem Gott, dass wir dieses Leben leben dürfen, sondern dankbar dem Leben, dass es uns so viel Schönes schenkt.

4. Kapitel
Die Kraft der Ruhe

Im Unglück finden wir meistens die Ruhe wieder,
die uns durch die Furcht vor dem Unglück geraubt wurde.
Marie von Ebner-Eschenbach

Die Kapelle in uns

Wenn ich heute meditiere, betrete ich im Geist den allerheiligsten Raum, den ich in meinem Leben bisher kennengelernt habe: die Krypta der Basilika Sainte Madeleine im burgundischen Vézelay. Ich betrete ihn nicht wirklich. Ich betrete ihn in meiner Fantasie, nachdem ich ihn so oft auch in der Wirklichkeit betreten habe – vor ein paar Jahren, als ich für ein paar Wochen in Vézelay lebte und arbeitete. Wenn ich diesen Raum heute wieder besuchen möchte, gehe ich im Geist zuerst durch die große Eingangspforte in die romanische Basilika, durchquere den Narthex, betrete den Kirchenraum, gehe langsam und bedächtig durch ein Seitenschiff nach vorne in den Altarraum, dann die steinernen Stufen hinunter in die Krypta, ich berühre beim Eintritt die steinerne Krone der heiligen Magdalena, setze mich auf den Boden, atme den Geruch von feuchtem Kalkstein und Kerzenwachs ein. Ich betrete diesen mystischen Raum, auch wenn ich in meinem Wohnzimmer auf meinem Meditationskissen sitze und versuche, Ruhe zu finden. Ich behaupte, einen solchen mystischen Ort hat jeder in sich. Jeder hat eine Krypta, ein Tempelchen oder eine Kapelle in sich, die, wenn sie oder er es denn so möchte, nach Sandstein oder Weihrauch riecht. Was für ein himmlischer Ort der Ruhe! Das ist auch heute noch manchmal genau das, was ich brauche, wenn mir alles zu viel wird.

Menschen in Krisenzeiten leben allerdings in einem Dilemma. Ausgerechnet dann, wenn der Brand der Krise ausgebrochen ist, wenn wir in Aufruhr sind, wie in heilloser Aufregung herumirren – oder wie es die Buddhisten ausdrücken, wenn unser Geist wie die Flamme einer Kerze im Wind wild flackert –, ausgerechnet dann, wenn wir einen solchen Ort des Rückzugs und der Beruhigung dringend benötigen, finden wir die Kapelle in uns nicht mehr. In der Ruhe liegt die Kraft, heißt ein Sprichwort. Aber: haben wir auch die Kraft zur Ruhe? Steht sie uns zu Verfügung, wenn die große Krise über uns kommt?

Innere Ruhe verbreitet sich nicht auf Knopfdruck, aber eines stimmt auch: Jeder kann ruhig werden. Es gibt unzählige Beispiele dafür. Etwa jenes des Musikers Stevie Ray Vaughan, der 1990 bei einem Hubschrauberabsturz ums Leben gekommen ist. Vaughan war einer der wohl begnadetsten Rockgitarristen, die je gelebt haben. Lange Zeit in seinem Leben hatte er massive Probleme, er war drogenabhängig. Wenn Stevie Ray Vaughan auftrat, dann immer mit viel Alkohol und Kokain im Blut, ein Mix aus beidem brachte ihn erst in die Stimmung, in der er glaubte, seine beste Musik machen zu können. An einem Tag im Jahr 1986 ging er während einer Europa-Tour mit einem Freund spazieren. Plötzlich wurde ihm übel, er erbrach Blut, kollabierte und wurde in eine Klinik eingeliefert. Sein Magen, seine inneren Organe waren in einem desolaten Zustand. Der Arzt sagte nur, hätte er diesen Zusammenbruch nicht erlitten – und so weiter gemacht, er hätte vielleicht nur noch ein paar Wochen gelebt. Stevie Ray Vaughan erzählte später manchmal, wie dankbar er dafür war, dass es zu diesem Zusammenbruch kam. Nur ganz unten auf dem harten Boden, so empfand er es, lag die Chance zu einem Neuanfang. Tatsächlich begann für ihn nach einem längeren Aufenthalt in verschiedenen Kliniken ein anderes Leben – bis zu seinem völlig unerwarteten Tod im Helikopter – ganz ohne Drogen.

Er selber fand nach seiner Krise seine eigene Mitte wieder, er wurde ein ausgeglichener, heiterer Typ, der einfach »gut drauf« war und vor allem eine große Ruhe verströmte. Jeder hat die Kraft zur Ruhe, selbst ein Unruhegeist oder Rocker wie Stevie Ray Vaughan. Aber es braucht oft einen Aufwachmoment, einen einschneidenden Augenblick, der alles verändert. Viele Menschen schaffen es nicht, diesen Moment selber zu bestimmen. Dann aber kommt er häufig von außen, dann, wenn sich unser Leben zuspitzt. Die Krise bedeutet nicht nur maximale Beunruhigung, sondern auch bald ihr Ende, denn in ihr gibt es immer einen Moment des Innehaltens und Zu-sich-Kommens. Über kurz oder lang: denn die Krise unterbricht das Herumirren der Rastlosen immer irgendwann.

Am Anfang ist nur Angst

Am Anfang regiert jedoch meist nur die nackte Panik. Wenn wir in die Krise geraten, reagieren wir zunächst mehr oder weniger instinktiv. Sigmund Freud hat in seinen frühen psychologischen Schriften geschrieben, die beiden einzigen menschlichen Triebkräfte seien das Streben nach Befriedigung und die Vermeidung von Leid. Wir haben eine starke Abneigung gegen Leid, gegen den Schmerz und gegen die Angst. Wenn sich die Lebenskrise breitmacht, dann ist das erste, was einer tut, sich mit Händen und Füßen gegen die Krise zu stemmen. Wir mobilisieren ungeheuer viel Energie, um uns gegen die Erschütterung zu wehren, setzen alles in Bewegung, um die Krise ungeschehen zu machen, sie nicht wahrhaben zu wollen, vor ihr auszuweichen. Wir sind, auch wenn wir äußerlich wie gelähmt sind, in innerer Aufruhr, unser Geist ist in großer Unruhe. Diese Unruhe ist im Kern nichts anderes als der körperliche Ausdruck der Verunsicherung, in die uns eine Krise stürzt. Gleichzeitig spielen unsere Gefühle verrückt. In jeder Krise, zumal in der Anfangsphase, sind unsere Gefühle in völligem Ungleichgewicht. Die Angst ist erfahrungsgemäß der größte emotionale Krisenbegleiter, daneben geht es um Wut, Trauer, Ohnmacht und Verzweiflung. Wir schaffen es nicht, diese Gefühle wieder neu zu regulieren. Die Wucht der übergroßen »negativen« Gefühle ist gewaltig, die Quellen für Mut und Freude sind fast versiegt.

Das eine, alles beherrschende große Gefühl, das sich im Hintergrund dieser Verunsicherung regt, ist aber immer eine uns überwältigende Angst. Angst vor dem Untergang,

Angst im existenziellen Sinn, so wie sie Sören Kierkegaard in seinem berühmten Essay verstanden hat, Angst als etwas ganz Grundsätzliches, das ganze Dasein des Menschen Erfassendes – im Unterschied zur Furcht, die es in seinem Denken immer nur in Bezug auf ein konkretes Objekt gibt. Die Angst, so schreibt er sinngemäß, mache dem Menschen die Brüchigkeit aller vermeintlichen Sicherheit klar. Zentrales Thema jeder Krise ist daher stets das Angstmanagement. Wir haben nicht die Kraft, die Angst einfach wegzuschieben, selbst wenn wir wollen. Aber wir haben die Kraft, zu unserer Angst auf eine innere Distanz zu gehen, so dass wir leichter mit ihr leben können. Die Schlüsselfrage lautet daher: Wie kann ich es schaffen, nicht in der eigenen Angst unterzugehen, sie aushalten lernen und sie schließlich wieder herunterfahren?

Es gibt eine innere Stimme in uns, die uns den richtigen Umgang mit der Angst lehrt. Sie lehrt uns, Angst zuzulassen anstatt gegen sie anzurennen, ihre Anwesenheit nicht mehr zu leugnen, wenn sie sich einmal breitgemacht hat, sondern sich ihr zu stellen, anstatt sinnlose Energie darauf zu verschwenden, sie vor die Tür jagen zu wollen. Ein erster wichtiger Schritt bei jeder persönlichen »Krisenintervention« sollte sein, die negativen Gefühle, die uns aufsteigen, nicht mir aller Macht verscheuchen zu wollen, sondern sie, wie es eine Psychologin einmal formulierte, »im Sessel gegenüber von uns Platz nehmen zu lassen«.

Die Angst gehört zur Krise, ja, zum Leben, und daher wäre es unsinnig Angstfreiheit erzielen zu wollen. Besser ist es, einen Weg zu finden, wie es sich mit dieser ungeliebten Begleiterin leben lässt. In uns allen gibt es eine Alternative.

Wir müssen nicht in der Angst versinken, sondern können in eine Beziehung zu ihr zu treten: Wir können gelähmt und geschockt in ihr verharren, aber wir können sie auch nur gleichsam interessiert, aber nicht wertend, betrachten. Trotz aller Panik können wir mit der Zeit eine Distanz zu diesem Gefühl errichten, das uns leichter leben lässt. Man kann dahin kommen, die eigene Angst, wie andere Gefühle auch, wie von außen wahrzunehmen und neutral zu betrachten, ihr einfach nur achtsam zu begegnen.

Es sind solche inneren Distanzierungsakte, die uns wieder mehr Erhabenheit über die Dinge bringen. Sie lassen die Angst nicht völlig verschwinden – und ihren Anlass schon gar nicht –, aber sie bringen uns wieder mehr Kontrolle über unser Leben: wir sind nicht mehr Getriebene eines Gefühls, sondern bestimmen die Richtung, in die wir gehen wollen, wieder selbst. Fast immer werden wir im Verlauf einer Krise auch dessen ansichtig, was die Angst tatsächlich ausgelöst hat. Die Nebel lichten sich – und nun wird der Schmerz, das Leid sichtbar. Interessanterweise weicht die Angst jedoch oft mit dem Nebel. Viele Menschen machen die Erfahrung, dass die Wahrheit ihrer Krise selbst weitaus weniger schrecklich ist als die Angst vor ihr.

Grübeln: Kaugummi kauen mit dem Gehirn

Genau genommen ist die große Angst nicht so sehr das Grundgefühl der Krise als viel mehr jenes ihrer Anfangsphase. Panik folgt unmittelbar auf den Schock des auslösenden Ereignisses, auf den Blitzeinschlag, sie ist die erste Reaktion auf die Tsunami-Welle, unter die einer gerät. Im Verlauf eines Krisenprozesses wandelt sich diese akute Angst jedoch in ein Dauergefühl stiller Trauer und Verzweiflung. Seinen Ausdruck findet dieses abgedämpfte Nachfolgegefühl im Grübeln und Hadern, dem nicht Loslassen können des Krisenthemas. Am Boden dieses Grübelns regt sich aber weiterhin das alte ursprüngliche Angstgefühl, das nun in veränderter Form permanent sorgenvolle und quälende Gedanken aufscheucht und in unser Bewusstsein wirbelt. Im Grübeln und im Nachhängen der immer selben Gedanken holen wir wie geistige Wiederkäuer die Krisen auslösenden Verletzungen und Traumata wieder und wieder an die Oberfläche, aber ohne dass wir dadurch auch nur den kleinsten Teil verdauen würden.

Wenn sich die Krisenangst in Gestalt jener stillen Verzweiflung verfestigt und sich in unserer Psyche dauerhaft eingenistet hat, beginnt sie bald, das Rad unserer inneren Unruhe unermüdlich anzukurbeln. Immer neue Sorgen werden produziert. Um sie wieder loszuwerden, fängt unsere Denkmaschine an zu rattern, spielt alle möglichen Szenarien durch, sowohl solche, die uns erklären, wie es soweit kommen konnte, dass wir in diese schlimme Lage geraten sind, als auch solche, wie wir der Krise schnellst möglich wieder entkommen könnten. Wir suchen unaufhörlich nach einer Lösung für diese Krise, für die es, zumindest im Moment, (noch) keine gibt. Grübeln ist der sinnlose Versuch, eine gedankliche Lösung für Probleme zu finden, die außerhalb unseres Einflussbereichs liegen, entweder weil sie in einer Vergangenheit liegen, die nicht mehr zu ändern ist, oder in einer Zukunft, die sowieso völlig ungewiss ist. In fast allen unseren Lebenslagen ist unser ausgeprägtes Denk- und Vorstellungsvermögen ein großer Segen. Im praktischen Leben zur effektiven Organisation unseres Daseins genauso wie zur inneren Beglückung durch eine blühende Fantasie. In der Krise kann es allerdings zum Fluch werden: aus klarem Denken wird Fischen in trübem Gewässer. Mehr noch, durch jenes unaufhörliche Durchkneten aller möglichen schlimmen Folgen steigern wir uns oftmals erst richtig in die Krise hinein. Obwohl einem tausend Horrorszenarien durch den Kopf gehen, kommt es gerade jetzt darauf an, das Grübeln sein zu lassen und statt ein reflektiertes ein unmittelbares Leben zu führen, denn zu grübeln raubt uns nur zusätzliche Energie, die wir in der Krise bitter nötig haben. Notorischen Grüblern sei deshalb unbedingt geraten, was der australische Regisseur Baz Luhrmann in seinem Song »(Everybody's Free To) Wear Sunscreen« getextet hat: »Machen Sie sich keine Sorgen über Ihre Zukunft – oder wenn Sie wollen, sorgen Sie sich. Aber Sie sollten wissen, dass sich sorgen genauso effektiv ist wie der Versuch, eine algebraische Gleichung durch Kaugummikauen zu lösen. Die echten Probleme in Ihrem Leben werden Dinge sein, über die Sie sich mit Ihrem von Sorgen zerfressenen Gehirn niemals Gedanken gemacht haben. Dinge, die grundsätzlich und komplett unerwartet an ruhigen Dienstagen gegen vier Uhr nachmittags eintreffen.« Ganz ähnlich ist auch das Motto von Norman Mailer, ihm wird der Aphorismus zugeschrieben: »Du hast die Wahl. Du kannst dir Sorgen machen, bis du tot umfällst. Oder du kannst es vorziehen, das bisschen Ungewissheit zu genießen.«

Leider gibt es in Krisenzeiten aber nicht nur solche hilfreichen Stimmen, die uns mit bestem Grund die Grübelei ausreden möchten, sondern auch andere *um* – oder gerne auch *in* – uns, die uns ganz im Gegenteil zur unaufhörlichen Beschäftigung mit unserer Krise drängen. Wer eine Krise hat, der bekommt oft zu hören, er solle sich mit ihr gefälligst auseinandersetzen. Viele versprechen sich mehr davon, als vor ihr wegzulaufen. Auch der psychologisch interessierte Leser dieser Seiten scheint vielleicht so zu denken. Sonst griffe er nicht zu einem psychologischen Buch. Aber wie sieht es wirklich mit den Gaben der Selbstreflexion aus? Hier muss man differenzieren: Wenn die Krise eines Menschen aus einer unbewussten Problemlage resultiert, kann eine erkennende Auseinandersetzung zu Aha-Erlebnissen führen, und in diesen wiederum liegt oft der Schlüssel zur Lösung eines inneren Konflikts oder zum Durchbrechen eines unheilvollen Verhaltensmusters. Wenn aber eine Krise Ursachen hat, die außerhalb unserer Zuständigkeit liegen, weil uns etwas Schlimmes zugestoßen ist und unsere Seele so emotional reagiert, wie eine Menschenseele eben reagiert, dann kommt man nicht mehr sonderlich weit, ausgerechnet durch angestrengtes Nachdenken die eigene Situation verbessern zu wollen.

Wenn dennoch viele Betroffene auch noch in solchen Lagen lang und ausführlich Gedanken wälzen, dann hat das auch damit zu tun, dass viele meinen, diese Tätigkeit hätte etwas Lohnenswertes. Unter ihnen sind auffallend oft Menschen, die das ansonsten durchaus hilfreiche Talent zum psychologischen Denken besitzen und über eine hohe selbstreflexive Intelligenz verfügen. Sie meinen, ihre Krise weganalysieren zu können, die nötige Einsatzbereitschaft sowie die nötige Hartnäckigkeit bringen sie sicher mit für dieses sinnlose Vorhaben. Vielleicht hat diese Art Kopflastigkeit in seelischen Dingen ja mit den geistigen und kulturellen Traditionen zu tun, in deren Schatten wir noch immer stehen, vielleicht auch mit unserer Mentalität. Die Psychologie ist eine sehr deutsche Wissenschaft. Der deutschen Gründlichkeit entgeht nichts – und so verwundert es nicht, dass es deutsche gründliche Forscher waren, die die Pioniere bei der Erforschung der Untiefen unseres Seelenlebens waren und auch die Psychologie als moderne Wissenschaft gegründet haben. Die Seele selbst ist unser Grund – und einer Sache auf den Grund zu gehen, ist sehr deutsch. Das können wir. Gerade auch in Seelendingen so ausgiebig akademisch zu sein, ist sehr deutsch, das Ergrübeln von Problemen und Herbeigrübeln von Lebensentscheidungen genauso. Das Buch, Synonym des deutschen Geistes, ist bis heute Symbol unserer Tiefensuche: wir wollen es richtig wissen, schwarz auf weiß – wir machen keine halben Sachen. Und hängen uns voll rein: Deutsche Psychologen sind wohl auch die einzigen, die den Begriff der »Arbeit« für seelische Entlastungsprozesse entdeckt haben. Trauerarbeit, Trennungsarbeit, Körperarbeit. Es scheint also, bei uns könne nur gesunden, wer sich dafür richtig ins Zeug legt.

Dieses durch und durch aufrichtige Bemühen hat ja durchaus etwas Gutes, denn eine gewisse Selbsterkenntnis ist immer eine Voraussetzung zur Bewältigung psychischer Krisen, es wird aber problematisch, wenn es zu einer Art Selbstanklage führt oder uns aller Aufwand nur erschöpft und hilflos zurücklässt. Grübeln ist das Gegenteil von Verarbeiten. Das Problem bewältigen können wir erst, wenn wir unsere Grübelgedanken nicht immer aufs Neue anfachen, sondern versuchen, aus der Grübelmühle auszusteigen. Was Grübler brauchen, ist nicht noch mehr, noch tiefer gehende Selbstreflexion, sondern eine konkrete Erfahrung der Besänftigung von Psyche und Geist. Tatsächlich verhält es sich in der Krise so, wie der Volksmund sagt: »Wer allem auf den Grund geht, geht zugrunde.« Oder, um eine Weisheit aus dem englischen Sprachraum zu bemühen: »If you are sitting in a hole, stop digging!«

Die beruhigende Kraft der Meditation

»Meditation zu erlernen ist das größte Geschenk, das Sie sich in diesem Leben machen können, denn nur durch Meditation können Sie sich aufmachen zur Entdeckung Ihrer wahren Natur. Und nur in ihr werden Sie die Stabilität und das Vertrauen finden, die nötig sind, um gut zu leben und um gut zu sterben.« Sogyal Rinpoche hat in seinem »Tibetischen Buch vom Leben und Sterben« eine sehr anschauliche Anleitung zum Meditieren geschrieben. Ganz egal, wie und von wem man sie erlernt, tatsächlich ist das Praktizieren von Meditation der wirksamste Weg, alle Unruhe, Angst und den ewig grübelnden Geist zu besänftigen, zumal in Krisenzeiten. Oder um im Bild der brennenden Kerze zu bleiben, der »Geist der Flamme der Kerze«, der zuvor noch »unruhig, flackernd, wechselhaft und ungeschützt den Windstößen unserer Gedanken und Emotionen ausgesetzt« war, beruhigt sich durch Meditation. Rinpoche schreibt weiter: »Die Flamme wird nur dann ruhig und stetig brennen können, wenn wir die sie umgebende Luft beruhigen.«

Das ist aber nicht einfach, denn die seelischen Schmerzen, die mit schweren Krisen über uns kommen, sind sehr stark und stets gekoppelt an die wehmütige Erinnerung an eine glückliche Vergangenheit sowie an die quälende Furcht vor einer leidvollen Zukunft. Seelenschmerzen sind immerzu Schmerzen des Abschieds und des Eintritts in ein neues Leben. Es stimmt, man kann diesen Schmerz nicht einfach »wegatmen«, wie der Schriftsteller Tim Parks einmal gesagt hat. Nicht durch Atemübungen, nicht durch Meditation. Aber das ist auch nicht das Ziel einer Meditation. Was dort geschieht, ist etwas ganz anderes. Es wird nichts »weggeatmet«, sondern man atmet sich *in etwas hinein*, hinein in die Gegenwart. Wir begeben uns in einer Meditation in die unmittelbare Gegenwart, also genau in jenen der drei Zeiträume neben Vergangenheit und Zukunft, den wir gerade in Krisenzeiten oft so nachlässig behandeln, obwohl gerade dann vom Erleben der Jetztzeit der höchste Segen ausgeht.

Meditation bedeutet, die innere Flamme zu beruhigen, indem Vergangenheit und Zukunft, die Spielorte des Grübelns, verlassen werden und man sich ganz auf das viel beschworene »Hier und Jetzt« einlässt. Meditation ist die Methode, in der wir uns im denkbar größten Ausmaß mit der Gegenwart verbinden. In einer Meditationssitzung geschieht dies stufenweise. Zu Beginn nimmt man nur voller Aufmerksamkeit wahr, was gerade da ist, ohne es irgendwie rational zu bewerten. Alle, auch ganz und gar verstörende Gedanken werden zugelassen, dürfen in unser Bewusstsein drängen, kommen und gehen. Sie wohlgelitten sein zu lassen, wird bald dafür sorgen, dass sie auch wieder weiterziehen und uns loslassen. Meditation ist keine angestrengte Konzentrationsübung, wie noch immer manche glauben, in der wir mit unbändiger Willenskraft irritierende Gefühle und Gedanken unterdrücken, um irgendeine Erleuchtung zu erlangen, sondern die Kunst, Ereignisse erinnernde wie vorwegnehmende Gedanken vollkommen »gewaltfrei« auslaufen zu lassen, so dass irgendwann die Sicht auf die unmittelbare Gegenwart frei wird. Der innere Blick wird nicht »reflektierend« auf irgendein anderes inneres Objekt gerichtet, sondern es geht um ein sich über kurz oder lang von selbst einstellendes Leerwerden mit dem Zweck, Klarheit und innere Ruhe des Geistes zu erlangen. Ich vergleiche diesen Prozess gerne mit dem, was in einer mit Wasser gefüllten Schneekugel passiert, wenn sie kräftig geschüttelt wird: Ein großes Gestöber herrscht im Inneren, so dass wir gar nicht sehen, was uns in dieser Schneekugelwelt umgibt, wenn wir uns vorstellen, dass wir darin sitzen. Erst wenn sich der Flug der Flocken beruhigt, wenn sie sich setzen, wenn sich die aufgewirbelten Partikel am Grund abgesenkt haben und allmählich eine Reinheit im Wasser – der in der Schneekugel ja der Luftraum des Himmels ist – entsteht, dann entsteht diese Klarheit und innere Ruhe.

Anselm Grün hat einmal geschrieben, »Erfahrungen absoluter Ruhe, in denen Zeit und Ewigkeit zusammenfallen, können wir machen, wenn wir in der Betrachtung einer Blume, einer Landschaft, eines Gemäldes aufgehen. Wenn wir ganz im Schauen sind, dann gibt es keine Unterscheidung mehr zwischen Schauer und Beschautem, dann fallen beide in eins zusammen.« Jenes kreative Einswerden von

Bewusstsein und Gegenstand ist nichts anderes, als was man im Buddhismus Achtsamkeit nennt. Man ist nur im gegenwärtigen Erleben, alles Wahrnehmen konzentriert sich nur auf das Unmittelbare, nicht wertend oder reflektierend. Auch in allen Tätigkeiten, die Mihaly Csikszentmihaly in seiner Flow-Theorie ausgeführt hat, ist Achtsamkeit. Achtsamkeit als Aufmerksamkeitspraxis oder Flow-Erlebnisse in Tätigkeiten oder Beschäftigungen, in denen wir aufgehen – sie erlauben uns gerade in Krisenzeiten aus der zermürbenden Selbstzentriertheit auszusteigen, in die uns Krisen so oft stürzen, das Grübeln zu unterbrechen, dem Leiden wenigstens immer wieder den Raum zu nehmen, indem wir gegenwärtig werden.

Wie wir leer werden

Es geht. Man kann Ruhe finden, selbst in Zeiten höchster Unruhe. Man muss nur bereit sein zu warten. Man muss bereit sein, sich der Leere auszusetzen. Meditation ist eine Kunst der Verinnerlichung, der Abschottung von Außeneinflüssen. Aber dennoch wird viel zu selten betont, dass es für eine gelingende Meditation kaum etwas Wichtigeres gibt, als einen geeigneten Ort für sie zu finden oder selbst einzurichten. »Damit Meditation geschehen kann, müssen ruhige und günstige Umstände geschaffen werden«, schreibt Rinpoche. »Bevor wir Meisterschaft über unseren Geist erlangen können, müssen wir zuerst seine Umgebung beruhigen.«

Ein selbst eingerichtetes Tempelchen eignet sich dazu, eine Hauskapelle, Kirchenräume. Etwa im heißen Sommer das Innere einer romanischen Klosterkirche in der Provence zu betreten, in der steinumwehrten kühlen Stille anzukommen, einfach dazusitzen, den Geruch von Kerzenwachs einzuatmen, einen Lichtstrahl auf den Terrakotta-Fliesen zu erhaschen, andächtig sein und in die Stille hineinhören, was für ein Genuss! Sakralräume können auch für ganz und gar Ungläubige Orte heiliger Erholung sein, meditative Räume, in denen der Geist zur Ruhe kommen kann. Und für wen ein solcher Ort nicht erreichbar ist, der gehe hinaus ins Grüne. An den Rand eines Wäldchens zum Beispiel, denn Wälder beruhigen immer. »Wir müssen uns ein Hinterstübchen zurückbehalten«, schreibt Montaigne in seinem Essay »Über die Einsamkeit«, »ganz für uns, ganz ungestört, um aus dieser Abgeschiedenheit unseren wichtigsten Zufluchtsort zu machen, unsere wahre Freistatt. (...) Unsere Seele vermag ihre Bahn um die eigene Mitte zu ziehen; sie kann sich selbst Gesellschaft leisten, ... sie hat genug sich zu geben und von sich zu empfangen.«

Mich zieht es auch gerne in die Natur zur Meditation, an den Waldrand, an kleine Bäche, leise, dahin fließende Gewässer. Ich erinnere mich noch heute an eine besondere Freiluftmeditation im Winter zu einem Zeitpunkt, als meine Frau schon schwer krank war. Es herrschte Tauwetter, die Ufer eines Baches waren mit Eisschollen überzogen, von denen das Wasser tropfte. Dort ließ ich mich nieder. Ich versuchte, mich zu öffnen für alles, was von außen kam, für den leisen Wind, das Murmeln des Baches, das Winterlicht, für die Gegenwart. Es gelang mir nicht auf Anhieb, ich hockte nur da und wartete. Ich wurde ärgerlich an diesem

Tag, starrte in die dürren, blattlosen Äste der Baumwipfel, die sich vor mir im Wind wiegten, und versuchte mit meinen Gedanken, einen Fingerzeig, einen Wegweiser, irgendein Zeichen herbeizuzwingen. Aber dann, urplötzlich stand alles still. In dem Moment, in dem ich zu zürnen begonnen hatte, stand auf einmal alles still. Der Wind hatte aufgehört, die Bäume standen unbewegt. Das einzige, was blieb, war das ewige Murmeln dieses Baches. Das Murmeln sagte mir: »Akzeptiere! Alles.« Und alles murmelte, und es murmelte immer weiter und es wird immer murmeln: meine Unruhe, mein Unfrieden, der Tod, wie auch das Leben sind Teil des ewigen Murmelns. Das Murmeln ist mächtiger als alle Ängste und Nöte. »Akzeptiere!« Das erste Mal erschien mir diese Aufforderung damals nicht wie ein schnell dahin gesprochener frommer Wunsch, sondern als eine Weisheit, die ich selber gefunden und auch erfahren hatte. In dem Moment, in dem ich zu akzeptieren versuchte, ruhiger wurde, in dem ich wieder friedvoller wurde, hob der leichte Wind wieder an und streichelte meine Haare wie die Zweige der Bäume vor meinen Augen.

Zur Ruhe zu kommen braucht Übung. Die Erfahrung lehrt, dass der Prozess innerer Beruhigung bestimmten Phasen folgt, die man verkürzt auch in einer einzigen Meditationsstunde durchmachen kann. Am Anfang ist das Stillsitzen wegen der hohen inneren Unruhe kaum auszuhalten. Das ist auch weiter nicht überraschend. Denn gerade wir Getriebenen, Hektiker, Hyperaktive, Hypernervöse – wie sollen wir auch plötzlich zur inneren Ruhe kommen, wenn unser Nervositätslevel sonst im Grunde rund um die Uhr auf denkbar hohem Niveau pulsiert? Tiefe Ruhe und Entspannung zu erfahren, will gelernt sein. Anfangs, das lehrt die Erfahrung jeden, der mit Meditationsübungen beginnt, spielen gerade in der Versenkung die Gedanken und Gefühle verrückt, rauschen wie ein Wasserfall durch den Kopf, bedrängen einen seelisch. Ablenkende Gedankenfetzen, unverdaute Gefühle, alles, was man jetzt nicht brauchen kann, kommt die Treppen aus dem Keller des eigenen Unterbewusstseins hoch gekrochen. Aber dann lernt man sie zuzulassen und beobachtet irgendwann, wie sie sich Wolken gleich auch wieder verziehen und den Blick auf den inneren Himmel freigeben. Erst wenn der Wille zurücktritt, erst dann, das lehrt die Erfahrung, gehen solche störende Gedanken allmählich von selber wieder, ziehen ab, ohne einen zu martern. Dann kann man tatsächlich in das Stadium eintreten, das tiefe Ruhe bringt.

Die Ängste und der Stress, die eine Krise begleiten, führen jedoch nicht nur zu Unruhezuständen, sondern meist auch zu einer dauerhaften Anspannung, ja Verkrampfung von Körper und Geist, die uns zusätzlich erschöpft. Um Entspannung geht es explizit bei jener körpertherapeutischen Meditationsmethode, die der Molekularbiologe und Psychotherapeut Jon Kabat-Zinn seit den siebziger Jahren unter dem Namen »Mindfulness Based Stress Reduction« (MBSR) (auf deutsch: »Achtsamkeitsbasierte Stressverringerung«) zunächst in den USA als probates Mittel zur Stressbekämpfung populär gemacht hat. Kabat-Zinn geht es in seinen Übungen zur systematischen Körperwahrnehmung darum, durch bewusstes »mentales« Abtasten des eigenen Körpers in der Meditation entspannende Wirkung zu erzielen. Beim MBSR richten die Praktizierenden ihre Aufmerksamkeit auf den eigenen Körper und »scannen« ihn mit dem Geist sozusagen Stück für Stück von unten nach oben durch, weshalb das wohl bekannteste Element von Kabat-Zinns Methode auch »Body-Scan« genannt wird. Im Kern geht jedoch auch MBSR auf buddhistische Meditationspraktiken zurück, genauso wie die Gehmeditation, Körper- und Atemübungen aus der Yoga-Lehre oder all jene Achtsamkeitsübungen im Alltag, wie sie etwa der vietnamesische Buddhismus-Lehrer Thich Nhat Hanh beschrieben hat.

Meditation ist der Weg zum Leerwerden, bis man sich wahrhaft aufgehoben fühlt in einem hellen, warmen Raum vollkommener Präsenz, den ich die innere Kapelle oder Krypta genannt habe. Einer, von dem man sehr viel lernen kann, geht es um innere Sammlung, ist zur Abwechslung einmal keiner der großen buddhistischen Lehrer, zu denen immer mehr Suchende auch aus unserer westlichen Welt Zuflucht nehmen, sondern der große deutsche Mystiker aus dem Mittelalter, Meister Eckhart. Er glaubte noch, der Mensch fände den verborgenen Gott in seinem Innersten, in der inneren Versenkung und dem mystischen Erlebnis, dort mit dem Göttlichen zu verschmelzen. Aber auch, wenn wir in unserem tiefen Inneren nicht länger, wie Eckhart, Gott selber suchen, ist dort doch alles verborgen, was wir benötigen, um uns zu stärken. Wir müssen nur einen Zugang zu diesem Inneren finden.

Eckhart geht in seinen Predigten immer wieder von einem auf den ersten Blick überraschenden Gedanken aus. Er sieht in der Seelenfinsternis der Menschen nicht Verzweiflung oder Depression, sondern verändert die Perspektive und fragt: »Was ist aber diese Dunkelheit, wie heißt sie oder wie ist ihr Name?«, und antwortet selbst: »Ihr Name ist lediglich: Möglichkeit des Empfangens.« An anderer Stelle in seinen Predigten heißt es: »Wer also Licht finden will und Unterscheidung aller Wahrheit, der warte auf diese Geburt in sich im Innern und nehme ihrer wahr: so werden alle Kräfte und der äußere Mensch erleuchtet.« Und als er eine innere Stimme in seinen Monologen entgegnen lässt: »Wenn ein Mensch so in lauter Nichts steht, ist es dann nicht besser, dass er etwas tue, um diese Dunkelheit und Entfremdung zu vertreiben, zum Beispiel, dass er lese oder eine Predigt höre oder andere Werke tue?« »Nein«, entgegnet Eckhart allen Unruhegeistern und Grüblern dieser Welt, »das sollst du in Wahrheit wissen: Ganz und sehr stille und ganz und gar leer zu verharren ist dein allerbestes.« Dann, so ist Eckart überzeugt, kommt erst etwas in Gang, eine Beruhigung und Besänftigung, eine große Kraft, dann kommt das Licht und die Erfahrung: »Inmitten des Schweigens ward mir zugesprochen ein verborgenes Wort.« Man kann es salopp ausdrücken: Meister Eckhart ist wohl der größte Buddhist unter den christlichen Kirchenlehrern. Seine Gottessuche ist keine philosophisch-scholastische, keine kopflastige, sie ist eine, die den umgekehrten Weg geht: Im Leerwerden von allem entdeckt er das Heil. Und genau das ist auch die Aufgabe, vor die uns jede Krise stellt. Menschen können ihre Leere finden, und dann am Boden dieser Leere auch jenes Gefühl, das sie endlich ruhig und gelassen werden lässt – trotz aller Krise, trotz allen Leids.

Ataraxie und Gelassenheit

Ruhe ist aber nicht nur die Abwesenheit von Lärm im Äußeren, und auch von Lärm in unserem Kopf. Zu einer Lebenseinstellung, die vielleicht die hilfreichste in einer Krise wird, wird sie im Gewand der Gelassenheit. Die Griechen der Antike kannten diese Tugend als Ziel einer praktischen Ethik. Wörtlich übersetzt bedeutet »Ataraxia« Unerschütterlichkeit. Gemeint ist eine seelische Festigkeit, höchste innere Beruhigung, die einen feit gegen alles, was das Leben an Schicksalsschlägen bereithält. Wieder geht es einzig um die Haltung, die wir zu einer Welt voller Unbilden einnehmen. Das höchste Ideal ist nicht Abgestumpftheit, ganz und gar nicht, nein, der philosophisch Weise – übrigens genauso wie der Buddhist – lässt sich vom Leid berühren, aber ihn bringt aller Schmerz dieser Welt nicht aus der Ruhe, weil er ihn in seine Haltung zu integrieren vermag. Wichtig dabei ist, sich von allem, was diese Seelenruhe gefährdet, zu trennen, das sind die Affekte, Begierden und Leidenschaften, fast so, wie man es auch in der buddhistischen Lehre findet.

Ulrich Grober hat in seinem Essay »Zur Rouwe kommen. Das Geheimnis der Gelassenheit« die Ursprünge der Gelassenheit in der deutschen Spiritualitätstradition aufgespürt. Auch er ist bei Meister Eckart gelandet. »Der mensche, der gelazen hat und gelazen ist und der niemerme gesihet einen ougenblik uf daz, daz er gelazen hat, und blibet staete, unbeweget in im selber und unwandeliche, der mensche ist aleine gelazen«, zitiert er Eckhart im originalen Mittelhochdeutsch. Vielleicht ist die Passage am besten sinngemäß so zu übersetzen: Derjenige, der innerlich frei ist von allem, was man loslassen kann, der ist gelassen. Das sind materielle Dinge, das können uns nahestehende Menschen sein, aber auch alle Ideen, Gedanken und Wünsche, die wir gerne mit Grübeln und Nachsinnen festklammern wollen.

Die Buddhisten kennen den Begriff der »Anhaftung«, eine für den menschlichen Geist schädliche Form des Haben-Wollens, ausgelöst durch unsere rastlose Begierde. Aber, sagen sie, wollen wir glücklich sein, so sollen wir nicht an etwas haften. Wir sollen nicht haben, sondern sein, um mit Erich Fromm zu sprechen, dann erst kommen wir zu Glückseligkeit und Seelenstärke. Ulrich Grober gibt in seinem Essay auch Antworten, wie man diese Gelassenheit in sich findet. Er fand sie bei dem portugiesischen Schriftsteller Goncalo M. Tavares. Der, so schreibt Grober, suche allabendlich einen »Miradouro«, einen Aussichtspunkt in seinem Lissabonner Stadtviertel auf, um das Schauspiel des Sonnenuntergangs zu erleben. »Einfach dasitzen, nach oben schauen, mit sich und der Welt ins Reine kommen. Schon nach einigen Wochen werde man ein anderer Mensch: geduldiger, toleranter und gelassener. So als schwebe man ein paar Zentimeter über dem Boden.« Was er beschreibt, ist dasselbe, was früher noch so mancher Bauer an seinem Feierabend tat, wenn er nach getaner Arbeit auf einem Bänklein vor seinem Hof sitzend in die Sonne blinzelte und den Herrgott einen guten Mann sein ließ. Es ist dasselbe, was ich allmorgendlich mache, wenn ich am Rheinufer sitze und in die Wellen blicke. Die Gelassenheit, sie steckt in uns allen, wir müssen nur wegräumen, was sie verschüttet hat. Wem dies gelingt, der entdeckt aber noch ein weiteres: Die Gelassenheit, die über uns kommt, ist immer eine, die uns heiter stimmt. In der Ruhe ist immer auch Heiterkeit und Freude.

Ruhe ist am Ende vielleicht die größte Kraft, mit der wir unseren Krisen am wirkungsvollsten begegnen können. Man findet sie in sich selbst – und sich selbst in der selbst gewählten Abgeschiedenheit, wenn man sich in sich selbst zurückzieht. Einerseits Verbindung erfahren, andererseits Rückzug betreiben, das ist kein Paradox. Was sich vielleicht widersprüchlich anhört, ist es nicht. Menschen in Krisen brauchen beides, beides tut ihnen gut. Der Rückzug, um die verlorene Ruhe wiederzufinden, Trost, Vertrauen und Offenheit, um neuen Halt zu erlangen. Alles zu seiner Zeit.

5. Kapitel
Humor – Trotzdem lachen

Gut schaust du aus!
Danke! Werds meinem
Krebs weitersagen.
Wird ihn ärgern.
Robert Gernhardt

Ob Matthias Kneißl ein humorvoller Mensch war, lässt sich schwer sagen. Auf jeden Fall stammt von ihm ein Witz, der eine gewisse Berühmtheit erlangte. Kneißl war in der Zeit um 1900 der wohl meistgesuchte Kriminelle Bayerns. Als er endlich gefasst wurde, hatte er nicht nur unzählige Raubüberfälle begangen, sondern auch zwei Polizistenmorde auf dem Gewissen. Im November 1901 wurde er von einem Augsburger Schwurgericht zum Tode durch das Fallbeil verurteilt. Das war an einem Montag. Bei der Urteilsverkündung soll er gesagt haben: »Dia Woch' fängt ja scho guat o!«

Dasselbe Zitat – nur übersetzt ins Hochdeutsche und ohne den Urheber zu nennen – findet sich etwas mehr als 25 Jahre später bei Sigmund Freud wieder – in seiner kurzen Abhandlung über den Humor als ein Beispiel für den Lustgewinn, den eine humorvolle Bemerkung im Menschen auszulösen vermag. Der kleine Aufsatz, der 1927 entstanden ist, ist von einem zentralen Gedanken getragen. Freud, an Krebs erkrankt, entdeckt im Humor – wohl auch für sich ganz persönlich – eine Methode, sich dem unvermeidlichen Leiden des Lebens zu entziehen. 1927 war auch das Jahr, in dem er sich vor allem mit der Religion auseinandergesetzt hatte, die für ihn selbst, den eingefleischten Atheisten, als Erlösungsidee nicht in Frage kam. Kaum zufällig war es, dass er etwa zur selben Zeit auch über Humor reflektierte. Wer, wie er selbst, ohne Religion auskommen wollte, wer für sich einen höheren metaphysischen Sinn des eigenen Lebens ausschlug, ja Religion insgesamt als infantile Illusion verworfen hatte, fand im Humor eine Zuflucht. Bekanntlich hatte er sich ja schon viel früher intensiv mit dem »Witz und seiner Beziehung zum Unterbewussten« (1905) beschäftigt, was allerdings im Unterschied dazu Humor ist, das wurde ihm in letzter Konsequenz wohl erst so richtig klar, als er das tiefste persönliche Leiden seines eigenen Lebens durchschreiten musste. »Kein Zweifel«, schrieb er, »das Wesen des Humors besteht darin, dass man sich die Affekte erspart, zu denen die Situation Anlass gäbe, und sich mit einem Scherz über die Möglichkeit solcher Gefühlsäußerungen hinaussetzt.«

Was ist Humor?

Auf den ersten Blick ist Humor eine grundsätzliche Haltung dem eigenen Leben gegenüber, der »Euthymie« verwandt, wie schon der »lachende Philosoph« Demokrit die heitere Gelassenheit nannte, mit der er der Welt begegnen wollte.

Zum Befreienden des Witzes und der Komik, so Freud, habe der Humor etwas »Großartiges und Erhebendes«. Dieses liege im »Triumph des Narzissmus, in der siegreich behaupteten Unverletzlichkeit des Ichs«. Aber noch mehr, Humor ist für ihn nicht nur so etwas wie ein amüsant-elegantes Ausweichmanöver vor den Demütigungen des Schicksals, sondern durch ihn vermögen wir die negativen Anlässe sogar zu solchen von Lustgewinn umzuwandeln. »Die Lust des Witzes«, hatte Freud noch in den Schlusspassagen seines berühmten Essays über den Witz geschrieben, »ist der ersparte Hemmungsaufwand, die des Humors der ersparte Gefühlsaufwand.« Humor ist eine Methode, dem Leiden des Lebens ein Schnippchen zu schlagen. So abgedroschen es klingt, Humor ist tatsächlich wenn man trotzdem lacht, wie Otto Julius Bierbaum treffend formulierte.

Auch wenn – beispielsweise durch die Forschungsergebnisse des Berliner Humanbiologen Carsten Niemitz – längst nachgewiesen ist, dass auch schon Menschenaffen aus Gründen komischer Erheiterung lachen können, ist Humor doch eine zutiefst menschliche Qualität. Zum Humor gehört das Vermögen, zu sich selbst auf Distanz gehen zu können. Verbohrte Menschen, die wie im Tunnel leben, die nicht wahrnehmen, was um sie herum vorgeht, Menschen mit angelegten Scheuklappen haben dieses Vermögen nicht. Sie sind zu sehr mit sich selbst beschäftigt, in sich gefangen. … und doch folgt jeder Humor seinerseits einer Art Scheuklappen-Prinzip. Die Scheuklappen werden verkehrt: Wo zuvor noch im Leiden alles Komische ausgeblendet wurde, wird in der komischen Empfindung eines lebendigen Humors zur Abwechslung einmal das Elend ausgeblendet.

Humor zeigt sich erst da, wo der Mensch seinen »Tunnel« verlässt, sich selbst zum Objekt macht, zu sich selbst eine »exzentrische Position« einnimmt und sich quasi von außen interessiert betrachtet. Der humorvolle Mensch ist in der Lage, sich in eine solche höhere Warte zu denken, von der aus er auf sich herunterblickt und so zu einer ganz anderen Perspektive auf seine Situation fähig wird, ja, sich auf diese Weise sogar über das ganze Schicksal eines Menschenlebens erheben kann. In einem solchen Perspektivenwechsel wird der Focus der Wahrnehmung verschoben, so lange, bis das Problem wenigstens so weit weggerückt ist, dass es sich damit irgendwie leben lässt.

Selbstironie – über sich selber lachen

Humor als eine Haltung wohltuender Distanz dem Leben und der Krise gegenüber vollendet sich in letzter Konsequenz in der Fähigkeit, über sich selber lachen zu können, sich selber nicht allzu ernst zu nehmen – auch nicht in den schweren Zeiten des Leidens. In ausgeprägter Form ist dies im Galgenhumor der Fall. In normalen Zeiten selbstironisch zu sein, ist schon Ausweis eines starken Charakters, zu etwas ganz Besonderem wird er jedoch bei einem Menschen, dem eine schwere Erkrankung, ein harter Schicksalsschlag oder eine direkte Todesbedrohung zusetzen.

Es gibt viele Beispiele von Menschen, die ihrem Leiden mit Humor begegnet sind. Christoph Schlingensiefs 2009 erschienenes Krebstagebuch »So schön kann es im Himmel gar nicht sein« zeugt an manchen Stellen durchaus von

Humor. Aber am meisten Humor an den Tag gelegt hat Robert Gernhardt. Gernhardt hat so viele, für Außenstehende todtraurig und hochwitzig zugleich anmutende Gedichte über sich und seine Krebserkrankung geschrieben, die schließlich zum Tode führte. Eines dieser wundervollen Gedichte, die aus der Sammlung »Krankheit als Schangse« stammen, handelt von einer bevorstehenden Chemotherapie, es lautet:

Durch die Auen,
durch die Triften
reise ich, mich zu vergiften.
Winde säuseln,
Strahlen blitzen
Bald werd ich am Gifttopf sitzen.
Hügel locken,
Berge blauen,
schon kann ich das Gifthaus schauen.
Durch die Flure
Durch die Weiten
Sieht man mich zum Giftraum schreiten,
um dort über
viele Stunden
an dem Gifte zu gesunden.
Oder auch nicht.

Man mag gar nicht mitlachen und tut es dann doch. Egal, wie man zu dieser Art Lyrik steht, man spürt, wie sie Robert Gernhardt entlastet hat.

Freud selber gibt davon das beste Zeugnis ab. In einem

Brief vom 13. August 1937 an Marie Bonaparte, gute Freundin und selbst Psychoanalytikerin, findet sich eine Kostprobe des Freudschen traurig-witzigen Altershumors. Schon gezeichnet von seiner Krebserkrankung, dem Tod nahe, verweist er darin auf das für ihn »wohl kühnste und verwegenste Stück amerikanischer Reklame«, eine Werbeanzeige eines Bestattungsinstituts, die er irgendwo gelesen hat: »Why live, if you can be buried for ten Dollars?« Freud verneint damit auf denkbar schwarze Art die alte, ewige Frage nach dem Sinn des menschlichen Lebens, in dem er sie ad absurdum führt. Noch wenige Tage vor seinem Tod, am 23. September 1939, kurz nach Beginn des Zweiten Weltkriegs durch den Einmarsch der deutschen Wehrmacht in Polen, antwortete er auf die Frage eines Journalisten, ob er glaube, dass dieser Krieg der letzte aller Kriege sei, nur kurz, es sei auf jeden Fall sein letzter Krieg.

Humor und Leiden

Humor, das zeigen viele Beispiele, entfaltet seine ganze Größe erst in der Gefährdung des Ichs, in der Krise. Er äußert sich fast immer als eine Reaktionsweise auf ein Leiden, und ist ohne die Erfahrung des Leidens kaum vorstellbar. Mehr noch, oft ist es so, dass erst das Leid den Humor provoziert. »Wahrlich keiner ist weise, der nicht das Dunkel kennt, das unentrinnbar und leise, von allen ihn trennt.« Man könnte diesem Vierzeiler von Hermann Hesse auch abwandeln und sagen, keiner hat wirklich Humor, »der nicht das Dunkel kennt.«

Nicht viele dürften sich so intensiv mit dem Leiden des Menschen theoretisch beschäftigt und gleichzeitig selbst einen so schweren Leidensweg durchschritten haben wie Viktor E. Frankl. In seinem berühmten Bericht über seine Zeit als KZ-Häftling, den er nach seiner Befreiung aus einem Außenlager des KZ Dachau durch die US-Armee 1945 unter dem Titel »... trotzdem ja sagen zum Leben« veröffentlicht hat, hat Frankl über den Humor in seiner denkbar größten Herausforderung geschrieben, über den »Lagerhumor« im Konzentrationslager. Er erkannte in ihm »eine Waffe der Seele im Kampf um ihre Selbsterhaltung«. »Tatsächlich«, schreibt er an anderer Stelle, »aufs Tragen kommt es an, darauf, wie man das Schicksal trägt, sobald man es nicht mehr in die Hand nehmen, vielmehr nur noch auf sich nehmen kann. Mit anderen Worten: wo keine Handlung mehr möglich ist – die das Schicksal zu gestalten vermöchte – dort ist es nötig, in der rechten Haltung dem Schicksal zu begegnen.«

Natürlich ist Humor eine Haltung, die in einem wachsen und reifen muss. Wenn das Leid »geballt« kommt, dann ist man zunächst geschockt. Es braucht Zeit, um die Distanz zu erreichen, die Humor als Haltung oder Einstellung erfordert. Und doch erstaunt es nicht, dass Humor überall dort ein großes Thema ist, wo gelitten wird: in der Sterbebegleitung, im Hospiz, in der Palliativmedizin. Gerade schwer- oder todkranke Menschen erleben Humor immer wieder als psychische Erleichterung. Er kann zudem eine ganz besondere Brücke sein zwischen Schwerstkranken und Angehörigen: Humor schafft Empathie und Vertrauen, selbst in den schweren Stunden, in denen das Leben zu Ende geht.

Wie nahe sich Humor und menschliches Leiden sind, ja sich regelrecht bedingen, zeigt aber nicht nur der Blick auf die Heiterkeit leidender Individuen, sondern das Vorherrschen von Humor bei ganzen leidenden Gruppen, Volksgruppen oder gar ganzer Völker. Zweifellos ist der berühmte jüdische Humor als eine in die Seele eingelassene Haltung die Antwort eines Volkes, das über Jahrhunderte gelitten hat – wie kaum ein anderes. Und auch im »American humour«, über den die Kulturwissenschaftlerin Constance Rourke 1931 ein Buch geschrieben hat, lässt sich ein Zusammenhang zwischen Leiden und Humor erkennen. Noch bis weit ins 20. Jahrhundert hinein ist der amerikanische ein Humor von Pionieren, Desperados, Einsamen, Entwurzelten, Selfmademen, – immer wieder geht es im Nationalcharakter der Amerikaner ums Überleben, und wenn nicht darum, so doch um die Selbstbehauptung in einer rauen, oft so gottlosen Freiheit. Dieses existenzialistische Auf-sich-selbst-gestellt-Sein hat in der amerikanischen Volksseele jenen unnachahmlichen Sarkasmus zwischen Draufgängertum und »take it easy« geschaffen, ist ganz sicher eben eine Art der Verarbeitung, mit dem Druck dieser Verlorenheit einigermaßen klar zukommen.

Humor schützt

Die österreichische Autorin Barbara Pachl-Eberhart hat 2009 einen autobiographischen, tagebuchartigen Bericht unter dem Titel »Vier minus drei« veröffentlicht. Ein Buch, in dem sie den Verlust ihrer Familie verarbeitet hat. Sie war früher Krankenhausclown, also jemand, der Menschen, denen es schlecht ging, zum Lachen bringen wollte. Sie war verheiratet mit einem Mann, der denselben Beruf ausübte. Zusammen hatten sie zwei kleine Kinder. An einem Tag im März 2008 verlor sie bei einem Verkehrsunfall alle drei. Sie erzählt, dass sie wenige Tage nach dem Unfall und noch vor dem Begräbnis von ihren Clownkollegen, die alle unter Schock standen, zu einem gemeinsamen Abendessen eingeladen wurde. Während des Essens fiel ihr ein eigentümlicher Scherz ein. Das letzte Clownstück ihres Mannes hieß »Waldemars Kiste«. Waldemar war der Clownname ihres Mannes. »Wisst Ihr was«, sagte sie damals in die Runde, »ich klebe einfach ein Schild mit »Waldemars Kiste« auf den Sarg meines Mannes beim Begräbnis.« Die Clownkollegen haben nicht gelacht in dieser Situation, aber sie als Betroffene fand das unglaublich komisch. Zugegeben, nicht viele, die Ähnliches erfahren mussten, sind in der Schockstarre der Anfangsphase eines Trauerprozesses zu solchem Humor in der Lage, aber auch in dieser Phase kann Humor der Selbstverteidigung der Seele dienen – was dann oft, wie hier, von vielen Nicht-Trauernden, Nicht-Leidenden nicht verstanden wird. Aber was andere als befremdlich oder vielleicht sogar geschmacklos empfinden, ist für Trauernde, Leidende oft nur der mal befreiende, mal schützende Gebrauch jener Waffe der Seele, von der Frankl spricht. Schon in Kants »Kritik der Urteilskraft« findet sich die Stelle: »Voltaire sagte, der Himmel habe uns zum Gegengewicht gegen die vielen Mühseligkeiten des Lebens zwei Dinge gegeben: die Hoffnung, und den Schlaf. Er hätte noch das Lachen dazu rechnen können.« Humor kann Schutz für den sein, der sonst unter der Brutalität der Lebenswirklichkeit zusammenbrechen würde.

Humor ist Lachen und Weinen

Fast jeder Mensch hat es schon einmal am eigenen Leib erlebt: manchmal geht Lachen über in Weinen, manchmal Weinen in Lachen. Weinkrämpfe gehen in Lachkrämpfe über, Lachanfälle in heftiges Weinen. In manchen Fällen gar ist auch beides zugleich möglich. Wenn man sich die physiologischen Vorgänge dabei betrachtet, fällt auf: das Weinen wie das Lachen folgt im Grunde fast identischen Reaktionsmustern – angefangen von den Bewegungen des Zwerchfells, der Atembeschleunigung, der Aktivierung des Tränenstromes etc. Tatsächlich bedeutet Humor seinem lateinischen Wortsinn nach eigentlich »Feuchtigkeit« im Sinne jener »Körpersäfte«, die (schon seit Hippokrates) im richtigen Fluss und in der richtigen Zusammensetzung durch unseren Körper fließen und lebendig zirkulierend die Wohlstimmung von Körper und Seele erzeugen. Humor umfasst demnach viel mehr als nur die lachende Seite, Humor hat mit Fließen zu tun, mit dem Fluss der Körpersäfte insgesamt. Dazu gehören die Tränen des Lachens genauso wie jene des Weinens. Vielleicht wird in den seltenen Momenten dieses »fließende« Wesen des Humors am greifbarsten, wenn beides zeitgleich herrscht, Lachen und Weinen, doppelte Gefühlslagen aus Komik und Tragik im selben Augenblick: zum Beispiel in den melancholisch-komischen Kompositionen von Goran Bregović, der die Soundtracks zu vielen Filmen von Emir Kusturica geliefert hat, oder in der Klezmer-Musik oder der der Sinti und Roma. In solcher Musik ist Lachen und Weinen zugleich. Allerdings, und das gehört auch zum Humor dazu, behält das Lachen am Ende stets die Oberhand.

Jeder hat Humor

Wenn es im Humor aber um den eigenen Zugang zu allen »Säften«, zu allen Emotionen, ihren Zuständen und ihrem Ausdruck geht, dann ist die Frage »Hat man ihn oder hat man ihn nicht?« schnell beantwortet. In jedem Menschen schlummert Humor, in vielen nur ist seine Quelle versiegt, oder es gibt Blockaden, die verhindern, dass er fließen kann. Humor ist nicht, wie Freud gemeint hat, eine »köstliche und seltene Begabung«, ein Glücksfall also, dem einen gegeben, dem anderen nicht, sondern in jedem angelegt. Wem also nachgesagt wird, er habe »absolutly no sense of humour«, der ist kein »Untalentierter«, sondern viel mehr ein Mensch, dem der Schlüssel zu diesen Quellen im Laufe seines Lebens abhanden gekommen ist. Humor erscheint so betrachtet, wie Ludwig Börne in einer »Denkrede über Jean Paul« gesagt hat, nicht als eine Gabe des Geistes, sondern als eine des Herzens.

Jedoch spielen im Humor stets alle drei menschlichen Wesenselemente zusammen: Körper, Geist, Seele. Man kann sagen: Humor ist eine Gegenreaktion unserer Seele oder unseres Herzens auf die Unbilden der Welt, der Geist oder Verstand übernimmt dabei den Teil, dieser scherzhaften Ausweichreaktion vor dem Leid durch einen schöpferischen Akt einen Begriff zu verleihen, der Körper schließlich empfindet – und drückt die Empfindung aus in der Bewegung, in der Mimik, im Lachen. Und alle drei stehen dabei nicht etwa isoliert nebeneinander. Schon bei Kant findet sich die Idee, dass Lachen »ein Gleichgewicht der Lebenskräfte in unserem Körper hervorbringt«, weil unsere Gedanken mit unseren Organen harmonisch verbunden sind. Das Vergnügen befördere demnach das körperliche Wohlbefinden. Der Scherz oder die Musik, eben alles, was uns auf ganz unterschiedliche Art vergnügen kann, wirke sich körperlich gesundheitsfördernd aus – und Kant kommt zu dem Schluss, »dass man dem Körper auch durch die Seele beikommen und diese zum Arzt von jenem brauchen kann.«

Tiefendimension von Humor

Es wird deutlich, was der Unterschied ist zwischen »Witz zu haben« und humorvoll zu sein. Über »Witz« zu verfügen, ist eine schöne Gabe des Intellekts, für den Humor braucht es aber auch noch das Gemüt.

Humor ist mehr als jener andere, ungewöhnliche, oft verborgene Blick durch die Brille der Heiterkeit auf die Welt und das Leben, mehr als eine Geisteshaltung, zu der man sich entscheiden kann. Er ist immer zugleich auch eine Haltung, die man zu sich selbst bezieht und in der man sich als emotionales Wesen wahrnimmt. Der humorvolle Mensch ist einer, der sich berühren lässt – und seine Gefühle auch ausdrückt. Es sei wichtig, so Barbara Pachl-Eberhart, sich seine »emotionale Durchlässigkeit« zu bewahren und nicht zu verhärten, gerade in Leidenszeiten: »Ich glaube, das Ziel kann nie heißen, wie bewahre ich mir mein Lachen, sondern immer nur, wie bewahre ich mir mein Fühlen als Gesamtes? Ich glaube, dass das jeder eigentlich von Grund auf kann. Die Frage ist nur: Wie sieht es denn insgesamt mit unserem Gefühlsleben aus? Wie viele Gefühle kehren wir unter den Teppich? Wie viel ist da schon längst unter dem Teppich verschwunden? Ich glaube, Humor ist nicht etwas, das wir nicht haben, sondern Humor ist oft etwas, auf das sich ganz viel anderes gelegt hat und verhindert, dass dieser Humor scheinen und strahlen kann.« Wer sich diesen Zugang zum eigenen Gemüt bewahrt hat und wem es gelingt, seine emotionalen Energieströme »herauszubewegen« oder – wodurch auch immer – in Phasen schwerer innerer Krisen die Blockaden, die durch Traumata oder seelische Belastungen entstanden sind, wieder zu lösen, der lebt in einer gesunden Balance als humorvoller Mensch.

Wie kommt man zum Humor?

Zu den Quellen des eigenen Humors führen viele Wege. Manche, die glauben ihr Lachen verloren zu haben, finden es beim Lach-Yoga wieder. Lach-Yoga ist Lachen ganz ohne Grund. Lach-Yogis sind davon überzeugt: reines Reflex- oder Affektlachen, wie es in der Therapeutensprache heißt, nehme die Lasten des Lebens. Sie vertrauen auf eine Technik, durch die gerade der Teil des Hirns stimuliert wird, der für die gute Stimmung zuständig ist: Sie kehren das übliche Auslöser-Ausdruck-Schema beim Lachen einfach um. In der Fachsprache nennt man das facial feedback. Das heißt, es gibt nicht nur Emotion und körperlichen bzw. mimischen Ausdruck, sondern auch einen Effekt in umgekehrter Richtung: Der äußerliche Gesichtsausdruck, die physische, in diesem Fall mimische Bewegung beeinflusst unsere inneren Gefühlslagen. Salopp ausgedrückt: Nach oben gezogene Mundwinkel, das typische Lachatmen, lachende Konvulsionen, der offene Gesichtsausdruck melden dem Gehirn die Botschaft, dass es jetzt angesagt ist, gut drauf zu sein – und dies eben auch dann, wenn gar kein komischer Anlass da ist, der uns zum Lachen reizt.

Christoph Emmelmann ist heute ein bekannter Lach-Yoga-Therapeut und hat eine kleine Anleitung zum Lach-Yoga geschrieben. Vor zehn Jahren noch war er ein dynamischer Jungunternehmer, der sich jedoch in seinem 12-Stunden-Job täglich überforderte. Durch den Dauerstress kam er am Ende in eine lebensbedrohliche Lage. Nach einer Herzoperation fand er ins Leben zurück – über Lach-Yoga. Durch seine schwere Herzoperation hatte er über drei Monate kaum geschlafen, ihn quälten Rückenschmerzen, sein ganzer Körper hatte gekribbelt. »Der erste Effekt nach der ersten Lach-Yoga-Stunde«, berichtet er, »war der, dass ich keine Schmerzen mehr gehabt habe. Der zweite, ich habe mich befreiter gefühlt, und der dritte war, dass ich eine Stunde lang nichts denken konnte. Wer lacht, der denkt nicht, zumindest ist es sehr schwierig. Das heißt, ich war im Jetzt und Hier, mein Geist hat sich dadurch eine Stunde entspannen können, was davor nicht der Fall war, weil ich sehr, sehr viel auch in der Reha-Klinik über meine Situation nachgedacht habe. Das war ein überwältigendes Erlebnis.«

Das grundlose Lachen im Lach-Yoga entspannt jedoch nicht nur, sondern lässt viele Menschen auch ihren verschwundenen Humor wiederfinden. »Wenn Sie heute ein Problem haben und Ihnen gelingt es, nicht nur laut zu lachen, sondern über ihr Problem wirklich zu lachen, auch innerlich zu lachen, damit eine Perspektive zu verändern und zu sagen, ich schau mir jetzt mal meine Probleme, meine Aufgabe, meine Lebensherausforderung aus einem größeren Zusammenhang an, dann bekommt das Ganze auf einmal eine ganz andere Schwingung.« Im lachenden Blick liegt die innere Erkenntnis, dass alles, vielleicht sogar auch noch das tiefste Elend und Leid, eine zweite Seite hat. Man muss nur lange genug suchen, und es ist am Ende der Humor, den man dabei findet. Lach-Yoga versteht Emmelmann als eine Technik der »paradoxen Intervention«, ursprünglich jene therapeutische Methode, psychotische Verhaltensweisen mittels scheinbar symptomverstärkenden Maßnahmen aufzulösen. Humor als Lebenskunst folgt oft genau demselben Prinzip. Statt gegen das Leiden anzukämpfen, vermag er noch im tiefsten Dunkel etwas Komisches oder Vergnügliches zu entdecken und schafft so eine wohltuende Entlastung.

Auch in der Psychotherapie kennt man die Weckung und Wirkung des Humororgans durch »Embodiment« – also körperliche Erfahrung. Für Jürgen Stepien spielt Humor eine wichtige Rolle für all jene Brustkrebs-Patientinnen, die nach Operation oder Chemotherapie in seine Rehabilitationsklinik zur Nachsorge kommen. Verständlicherweise ist Humor anfänglich nicht unbedingt die vorherrschende Gemütslage unter Menschen mit Krebsdiagnose – und doch spielt er eine nicht zu unterschätzende Rolle, vorausgesetzt die einzelne Patientin findet ihren Weg zu ihm. Es geht darum, erläutert Stepien, nicht verloren zu sein in der Dramatik der eigenen Situation, aus der eigenen Ohnmacht herauszutreten und das eigene Leben wieder zu gestalten. Für Stepien ist die psychotherapeutische Sitzung auch der Ort, wo seine Patientinnen ihren Humor (wieder)finden können. Psychotherapie, so wie er sie versteht, soll den Raum abgeben, in dem im Gespräch konkrete Humorerfahrungen als Körpererfahrungen erlebt werden. Humor zu erleben, bedeute, durch eine solche Erlebnistherapie unmittelbar das limbische System zu erreichen, den Ort im Gehirn also, wo die Emotionsverarbeitungen stattfinden und Endorphine ausgeschüttet werden. Die Patienten könnten so erleben, dass Humorempfinden einen direkten körperlichen Entlastungseffekt hat, der den Umgang mit der schwierigen Lebenslage leichter macht. Das gelingt Stepien nicht, indem er Witze reißt, sondern indem er seine Patientinnen durch ungewöhnliche Sichtweisen, Umkehrbeobachtungen oder Provokationen zum Lachen bringt. »Humor trotz Tumor« lautet auch ein Buch des österreichischen Autors Andreas Kienzl, der ebenfalls dafür plädiert, die Lebensenergien, die im Humor verborgen sind, gerade in einer gesundheitlichen Krise zu aktivieren und dadurch zu nutzen.

Aber auch, wer sich mit Humor philosophisch beschäftigt, kann etwas für sein Humororgan tun. Manfred Geier, Autor und Publizist, ist von einer Horizont erweiternden Wirkung philosophischer Lektüre überzeugt: »Es ist ja nicht nur eine intellektuelle Auseinandersetzung mit Texten«, sagt er, »sondern man übernimmt doch auch mit diesen Denkern, mit denen man sich auseinandersetzt, einen bestimmten Blick auf die Welt. Das Philosophiestudium wäre ja bloß eine gleichgültige intellektuelle Tätigkeit, wenn es nicht auch etwas mit dem eigenen Leben existenziell zu tun haben könnte.« Philosophie, so schließt er, könne einen durchaus innerlich berühren, was auch zu einem Wandel der persönlichen Sicht auf die Welt führen könne. In seinem Buch »Worüber kluge Köpfe lachen« hat er niedergeschrieben, was die großen Philosophen über den Humor gedacht haben. Er findet fast bei allen, die einen Draht zum Humor haben, einen ähnlichen heiteren Blick auf das Weltganze. Natürlich, meint er, könne man an dieser Welt, auch philosophisch gesehen, verzweifeln und sagen: »Was bin ich für ein kleines, unbedeutendes Individuum in diesem unendlichen Weltall, nur eine Sekunde lebend und dann schon wieder aus einer Ewigkeit in eine andere Ewigkeit verloren!« Aber andererseits könne man eben genauso gut die andere Haltung einnehmen: »Dass ich als kleiner Mensch das Weltall verstehe und überhaupt einen Begriff davon habe, ein Konzept dafür oder eine Vorstellung davon, was Leben ist in der Unendlichkeit dieser Welt!« Dieser Widerspruch zwischen der unendlichen Zeit und den riesigen Räumen und unserer menschlichen unbedeutenden Existenz, die das trotzdem versteht und sich darüber erheben kann – das ist für Geier im Grunde eine humorvolle Herangehensweise an das Weltganze.

Auch in Geiers Betrachtungen gibt es keine Philosophie des Humors ohne die Erfahrung menschlichen Leidens. Und auch bei ihm spielt das Leiden die Hintergrundsmelodie, vor der wahrer Humor erst zur Geltung kommt, etwa, wenn er sich mit den ersten Entdeckungen des Humors durch die großen Philosophen der griechischen Antike beschäftigt. Es waren die großen Krisen, die den Humor herausforderten, egal, ob die wirtschaftlichen oder auch die militärischen Auseinandersetzungen zwischen Sparta und Athen. Die Menschen dieser Zeit waren in extreme Spannungen eingebunden, sie erlebten existenzielle Bedrohungen. »In diesem Moment«, so Geier, »entwickelten sich beide Haltungen: sowohl die Tragödie, die sagt, das größte Glück des Menschen bestünde darin, nicht geboren zu ein, aber auch schon die Menschen, die zum Humor neigen, und sagen: Nein, wir lassen uns durch diese Unbilden der Welt nicht in unserer Autonomie kaputtmachen!«

6. Kapitel
Dialektik des Lebens

»La vie est une crise perpétuelle. Vivre c'est survivre.«
Jacques Derrida

Krisen sind ein Teil unseres Lebens

Krisen gehören zu einem Menschenleben – und wir alle müssen sie durchschreiten, so wie jene Lebensräume, die Hermann Hesse in seinem schönen Gedicht »Stufen« beschrieben hat. Tapferkeit ist die Tugend, die wir dafür brauchen, schreibt er, und am Ende Heiterkeit. Dann gelingt uns das Erklimmen der ganzen Lebenstreppe. »Wohlan denn, Herz, nimm' Abschied und gesunde!«

Den unvermeidlichen Sprung von einer Stufe zur nächsten empfinden wir oft krisenhaft. Und vergessen in unserem Leid nur zu gerne, dass diese Krisen ganz wesenhaft Teil unserer Existenz sind. Es gibt kein Leben ohne Krise, das Leben an sich ist krisenhaft, es vollzieht sich immer nur im Wechsel von Krisenzeiten und Phasen der Stabilität.

Vielen Betroffenen hilft es zu verstehen, dass Not und Verlorenheit, die mit der Krise über sie kommen, völlig natürliche Reaktionsweisen sind. Jürgen Stepien versucht seinen Patientinnen in seiner therapeutischen Arbeit immer wieder ins Bewusstsein zu rufen, dass unsere gesamte Existenz geprägt ist von Krisen, die sich in einer gewissen Regelmäßigkeit einstellen. Die erste große Krise in einem Menschenleben könnte man dabei tatsächlich in unserer Geburt sehen. »Nach neun Monaten in einem Zustand des Himmels auf Erden wird dieses Asyl fristlos gekündigt und mit dem ersten Schrei bekundet jedes Kind lautstark wie schwer ihm der Abschied vom kleinen Paradies fällt«, erklärt Stepien. »Wir werden wieder einmal vertrieben aus dem Paradies, nur dieses Mal ist es eher ein »Dunkelparadies«, aus dem wir immer wieder und wieder vertrieben werden, damit wir allmählich Licht sehen und bewusstseinsklarer werden. Da wir aber eine Sehnsucht nach dem Paradies haben, richten wir uns nach jeder Vertreibung immer wieder in einem neuen »Dunkelparadies« ein, in der Komfortzone des Lebens.«

Doch in diesen bequemen »Dunkelparadiesen« können wir nicht bleiben, denn leben bedeutet Veränderung, Wachstum und Reife – und so suchen wir uns immer wieder ein neues Geborgenheitsrefugium. »Kaum haben wir uns wieder eingerichtet«, so Stepien weiter, »steht wieder Veränderung an. Kindergartenkrise, Einschulungskrise, Pubertätskrise, Berufungskrise und so weiter. Krisen sind also lebensimmanent. Menschliche Existenz ist Krisenexistenz.«

Aber obwohl die meisten Menschen sich und ihr eigenes Leben in einem solchen Szenario sich abwechselnder Phasen durchaus wiederfinden würden, wollen viele sich genau dann nicht damit abfinden, wenn sie wieder in eine Krise geschlittert sind. Lebenskrisen haben etwas Typisches an sich, vor lauter Schmerz lassen sie uns zuverlässig vergessen, dass sie, so virulent sie auch sein mögen, immer nur ein Teil der Dialektik des Lebens sind. Es kann nur ein tiefes Tal, ein »Unten« geben, wenn und weil es auch wunderschöne Höhen, ein »Oben« gibt. Krisen sind nur der extreme Ausschlag auf der einen Seite der dialektischen Lebenswaage, zu der genauso Pendelbewegungen in die andere Richtung gehören. Ja, selbst ein so starkes Gefühl wie die Angst hat verborgene Qualitäten. Sören Kierkegaard erkennt auch noch in ihr, dass auch sie einem dialektischen Prinzip unterworfen ist. Erst durch die Angst gewinne der Mensch Freiheit, argumentiert er, und vor allem Freude: wo alles brüchig wird, nur dort gibt es Geborgenheit, Halt. Erst, wo es Angst gibt, gibt es Freude. Und Lebendigkeit, ließe sich hinzufügen. Angst selber ist immer, auch wenn sie nicht sonderlich gelitten ist unter uns Menschen, ein Zeichen von Lebendigkeit, denn auch die schmerzenden Gefühle halten uns lebendig. Aber um diese verborgenen Qualitäten der Angst zu erkennen, braucht es viel Zeit und die Bereitschaft zu einem oft radikalen Perspektivenwechsel. »Eine Krise kann ein produktiver Zustand sein«, hat Max Frisch einmal gesagt, »man muss ihr nur den Beigeschmack der Katastrophe nehmen.«

Kairos und Schicksal

Die meiste Zeit in unserem Leben befindet sich unsere seelische Lebenswaage allerdings in einem relativen Gleichgewicht, in der Normalzeit, der Zeit der Stabilität, die wir nicht besonders intensiv erleben. In diesen Zeiten leben wir einfach vor uns hin. Oder wir warten. Manche warten auf ein Wunder. Auf die S-Bahn, den Feierabend oder auf den lieben Gott. Manche warten auf einen »long distance call«, auf den Traumjob, auf »Germanys Next Topmodel«, manche auf einen Topf Marmelade oder auf den großen Lottogewinn. Manche ein Leben lang. Wir warten. Auf andere Menschen. Auf den Anderen, den Richtigen. Den Traumpartner. Wir warten auf den Schnee, auf das Licht, auf die Sonne.

Hin und wieder wird die Gleichförmigkeit des Lebens jedoch jäh unterbrochen. Die Normalzeit endet. Die Sonne geht auf. Kairos nannte man in der griechischen Mythologie den Gott der günstigen Gelegenheit. Ein Kairos-Moment – das ist auch der günstige Zeitpunkt im Leben, den es am Schopf zu packen gilt. Kairos-Momente, das sind besondere Augenblicke, wie es nicht viele im Leben gibt. Nur selten gibt es diese Ausschläge nach ganz oben, so selten wie auch jene, die uns nach ganz unten in die Krise führen. Ganz oben auf der Welle und ganz unten. Mal tanzen wir auf dem Wellenkamm, und mal droht uns die Welle unter sich zu begraben. In jedem Menschenleben gibt es diese besonderen einmaligen Momente. Momente vollendeten Glücks, Gunstaugenblicke, aber auch jene, in denen wir Schicksalsschlägen schutzlos ausgeliefert sind. Phasen des Kairos wie jene der Krise. Und nur in einer Gesamtsicht von beiden Extremen, in der Dialektik des Lebens, wird man dem Thema dieses Buches gerecht.

Die Autorin Herrad Schenk hat im Jahr 2000 ein Buch über »Glück und Schicksal« geschrieben. Am Anfang ihrer Geschichte stand ein wundervoller Kairos-Moment, als sie ihren Mann kennenlernte. Aber wie, im Unterschied zur Krise, ist das mit dem richtigen Augenblick im Leben, der sich so selten einstellt? Kommt er so unerwartet oder zufällig über uns wie ein Schicksalsschlag oder kann man nicht doch etwas tun, ihn herbeizulocken? Herrad Schenk meint, »es gehört Einsicht dazu, vielleicht auch ein bisschen Erfahrung, oder das, was man einen guten Instinkt nennt zu sehen, wann die Dinge reif sind, wann die äußeren Gegebenheiten günstig sind und wann auch ich innerlich bereit bin für eine Veränderung.« Dennoch, manchmal zaudern wir und verpassen die großen Augenblicke im Leben. Viel zu oft, und oft viel zu lange. Und verharren im Alten. Es ist erstaunlich: Immer wieder bleiben wir lieber in unglücklichen oder gar leidvollen Umständen stecken, als den Sprung ins Unbekannte zu wagen. Für das Zupacken braucht es Mut. Aber man kann sich auch rüsten. Jeder kann seinen Rucksack packen, bevor er zugreift – oder ins Unbekannte springt. »Man kann den Boden bereiten«, meint auch Herrad Schenk. Ihr fällt ein altes Kirchenlied ein: »Wir pflügen und wir streuen den Samen auf das Land, doch Wachstum und Gedeihen liegt in des Himmels Hand!« Das heißt, wir können Voraussetzungen schaffen, aber die äußeren Bedingungen, die letztlich über Erfolg und Misserfolg entscheiden, die können wir nicht vollständig kontrollieren.

Oliver Petersen, Tibetologe, ist heute Lehrer am buddhistischen Zentrum in Hamburg, er lebte 16 Jahre lang als buddhistischer Mönch. Auch er denkt, dass man seinem Glück wenigstens ein Stückchen entgegenlaufen kann, aber er definiert das Glück des Kairos ganz anders. Er glaubt, »dass das Glück wesentlich mehr vom Subjekt abhängig ist als von den äußeren Dingen. Wir können in uns selber gute Anlagen säen. Durch gute Gedanken, gute Handlungen. Das führt dazu, dass man dann auch in der Außenwelt auf Dinge trifft, durch die sich dann tatsächlich Glück einstellt.«

Aber sicher brauchen wir auch eine Portion Glück, den richtigen Augenblick zu treffen. Und Vertrauen, Vertrauen in das, was noch unbekannt ist und auf uns zukommt. Petersen legt den Schwerpunkt nicht so sehr auf die Glücksumstände, sondern auf unsere Wahrnehmung: »Es kommt wohl weniger auf den richtigen Augenblick an«, sagt er, »als vielmehr darauf, dass man immer sehr aufmerksam ist, dass man möglichst in jedem Augenblick überhaupt mitbekommt, was um einen herum geschieht und was in einem selbst geschieht: Dann wird man wohl auch den entscheidenden Moment wahrnehmen können, wenn im Leben eine größere Veränderung ansteht.«

Zu den Veränderungen der ganz anderen Art zählt man das, was man einen Schicksalsschlag nennt. Schicksalsschläge im Leben sind das Gegenteil, der Gegenpol zu solchen Glücksmomenten. Ungünstige, schreckliche, grausame Augenblicke in einem Menschenleben. Ein Schicksalsschlag – das ist der Verlust der Liebe. Das ist Trennung, Krankheit oder der Tod. Fünf Jahre ist es nun her, dass meine Frau gestorben ist. Sie war erst 46 Jahre alt. Und auch Herrad Schenk hat ihren Mann verloren. Er starb völlig unerwartet, kurz nachdem sie zusammen ein Haus bezogen hatten. Ihr Buch sollte ein Plädoyer dafür sein, die Planbarkeit des eigenen Lebens nicht zu überschätzen, und auch ich, der ich ganz ähnlich gedacht habe, habe erfahren müssen: wir sind nicht unseres Glückes Schmied – zumindest nicht immer.

Die Krise zum Tod hin

Bisher war in diesem Buch fast immer die Rede von Krisen, auch ganz und gar schlimmen, die überwunden werden. Tiefe Täler, nach deren auch noch so entbehrungsreichem Durchschreiten ein Licht leuchtet, ein neues Leben winkt. Krisen, auf die man nach langer Durststrecke erschöpft aber glücklich zurückschaut, wie vom sicheren Boden in die tiefe Schlucht hinab, deren gefährliche Abgründe man nun hinter sich gelassen hat. Wenn eine Krise ein Happy End hat, wenn sie gut ausgeht, wenn einer irgendwann eine noch so schwere Erkrankung überstanden hat und endlich Genesung erfährt, dann ist es leicht zu sehen, dass diese Zeit etwas Gutes hatte. Wenn man dieses »Gute« an der Krise sucht, dann kommt man meist auf den zentralen Aspekt, dass man »gestärkt« aus ihr hervorgeht. Menschen sprechen dann oft von einer großen Lebenslehre, die sie erfahren hätten: »Ich kann es schaffen!« – eine Einsicht, die sie in die nächste Krise vielleicht gelassener gehen lässt. Im Begriff der Krise ist ihre Überwindung angelegt. Man spricht von Krise und denkt deren Überwindung mit, freilich erst nach dem Durchschreiten eines tiefen Tals, oder – um in der Schifffahrts-Metaphorik zubleiben – nachdem man den Schiffbruch überlebt hat, an eine Holzplanke geklammert an einem Eiland gestrandet ist und endlich wieder festen Boden unter den Füßen hat.

»Daran stirbt man nicht!«, pflegt man als eine drastische Form des Trosts Menschen zuzurufen, die es zwar ziemlich erwischt hat, denen man aber dennoch wenigstens irgendetwas Erbauliches in ihrer misslichen Lage mit auf den Weg geben möchte. Und wenn doch? Was aber, wenn man »daran« stirbt, wenn diese Krise die letzte eines Menschen sein sollte, eine die nicht mehr »überwunden« oder »bewältigt« wird? Was aber ist mit der »Krise zum Tod«? Was ist mit einer Krise, etwa ausgelöst durch eine tödlich verlaufende Krankheit, einen plötzlichen Unfall, ein Unglück oder Verbrechen, eine Krise also, die nach Auf und Ab, nach Hoffen und Bangen, dann doch unvermeidlich zum Tod führt?

Für sie gilt zunächst all das, was auch für eine Krise gilt, die einen wieder ins glückliche Leben entlässt. Die Kräfte, die Ressourcen, wir haben sie auch in der Krise, die zum Ende führt, zumal ja niemand, weder zu Anfang noch während sich diese Krise entrollt, je sicher sagen kann, dass der Weg, auf den ihn diese Lebenskrise schickt, auch sein letzter sein wird. Aber selbst wenn es sich klar abzeichnet, dass es zu Ende geht, so können auch Sterbende die innere Stärke erlangen, die sie benötigen, um mit ihrer Krise auf Augenhöhe zu bleiben – bis zum Ende. Rainer Maria Rilke, als er selbst schon nah dem Tode war, hat dies für sich so beschrieben. »Man sollte nicht fürchten«, führte er in einem Brief aus, »dass unsere Kraft nicht hinreichte, irgendeine, und sei es die nächste und sei es die schrecklichste Todeserfahrung zu ertragen; der Tod ist nicht *über* unsere Kraft, er ist der Maßstrich am Rande des Gefäßes: wir sind *voll*, sooft wir ihn erreichen – und Voll-sein heißt (für uns) Schwersein … das ist alles.« Der New Yorker Rabbiner, Harold

Kushner, der 1981 ein berührendes Buch über das kurze Leben und grausame Sterben seines behinderten Sohnes geschrieben hat, kommt zu einem ganz ähnlichen Schluss: »Ich glaube, dass Gott uns Kraft und Geduld und Hoffnung gibt, dass er unsere geistigen Kraftquellen erneuert, wenn sie zu versiegen drohen.« Er, ein gottesgläubiger Mann, hat die Erfahrung gemacht, dass Gott menschliches Unglück nicht verhindern kann, aber er ist sich ganz sicher: »Er gibt uns Kraft und Ausdauer, mit ihm fertig zu werden.« Schwache werden angesichts des Unglücks stark, davon ist er überzeugt. Aber auch ohne einen tiefen Gottesglauben machen Menschen immer wieder die Beobachtung, dass ihnen die anfangs unvorstellbare Kraft, das alles auszuhalten, gerade in den Stunden zuwächst, in denen sie sie am meisten brauchen.

Man kann auch die Krise, die zum Tod führt, als einen Wandel verstehen, dem alles Leben unterworfen ist, man kann dorthin kommen, im Extremfall selbst den Tod, das Erlöschen der eigenen Existenz als etwas anzusehen, was mit dem Begriff einer Veränderung zu greifen wäre. Aber ist es auch dann noch berechtigt zu behaupten, was man immer wieder in den »normalen« Krisen unseres Lebens hört: dass aller Wandel, alle Veränderung irgendwo »positiv« ist?

Wenn überhaupt, dann gelingt eine solche Bewertung nur aus einer sehr übergeordneten Sicht der Dinge. Wenn ich sterbe und zerfalle, dann wird mein Körper vielleicht bald zum Humus für einen Baum, der sich daraus ernährt. Oder man ist in einer solchen Religion verwurzelt, die für ihre Gläubigen einen metaphysischen Sinn nach dem Sterben im Jenseits bereithält. Wer, wie die Buddhisten daran glaubt, dass sein Geist in einem neuen lebendigen Körper wiederkehrt, oder wer als Christ glaubt, dass seine Seele im Jenseits ewig leben wird, dessen Weltbild erlaubt es, auch eine Krise, die zum Tod führt, als einen Wandel zu verstehen, der in einem bestimmten »positiven« Sinnzusammenhang steht. Wem diese Gedanken- und Glaubenswelten jedoch nicht zugänglich sind, wer solche religiöse Bilder ablehnt, was sollte etwa für einen Menschen, dessen Zeit sich nicht etwa in einem harmonischen Lebenskreislauf vollendet hat, sondern der durch eine Katastrophe aus diesem Leben gerissen wird, was sollte an solch einer letzten Krise »positiv« sein?

Ein sinnloser Tod kann allenfalls einen Sinn für diejenigen bekommen, die diesem Menschen nahe waren und zurückbleiben. Sie machen eine schreckliche Verlusterfahrung und durchschreiten intensive Trauerphasen, die sie dennoch innerlich reifen lassen. Wenn genügend Zeit vergangen ist, dann können Hinterbliebene auch solchen Schicksalsschlägen wenigstens für sich selbst einen Sinn abgewinnen, und sei es nur der, dass man mehr Empathie und Mitgefühl anderen Menschen gegenüber empfindet, die in ähnlichen Situationen sind.

Aber für all diejenigen, deren Lebenskrise sich in eine Katastrophe verwandelt, ist es keinesfalls so, dass auch diese am Ende irgendetwas Gutes hätte. Menschen, die in jungen Jahren an unheilbaren Krankheiten sterben, Opfer von Unglücksfällen und Naturkatastrophen, es gibt viele Beispiele dafür. Das Leben ist nicht so, dass alles zu irgendetwas gut ist. Wir sind Naturwesen, und die Natur ist moralisch vollkommen indifferent. Wenn also eine Krise, etwa eine schlimme Erkrankung, zur Katastrophe wird und auch als solche endet, dann hat das nichts Gutes, nicht von der Natur aus und auch nicht von uns aus, weil wir nichts finden können, was daran gut sein soll, dass einer unter solchen Umständen gehen muss. Diese bittere Wahrheit gilt es auszuhalten – und zu akzeptieren.

Das einzige, was wir im Angesicht des schlimmen Schicksals tun können, ist, es weder als eine positive noch negative, sondern als eine »neutrale« oder unbewertbare Veränderung zu begreifen. Wenn wir erkennen, dass wir in einem ständigen Wandel leben, verstehen wir auch, dass es zu den Spielregeln unserer Existenz gehört, sich immer wieder diesem Wandel hinzugeben, statt zu lange gegen das Unvermeidliche anzukämpfen und an einer Illusion von Beständigkeit festzuhalten. Wir können das Leid, das das Schicksal über uns bringt, nicht ändern. Was einzig in unserer Macht liegt, ist, wie wir dazu stehen. Der Schlüssel liegt einzig und immer nur in der Haltung, die wir zum Schicksal einnehmen.

Kraft zur Akzeptanz

Zu akzeptieren, dass es nicht unbedingt nur Gutes an einer Entwicklung gibt oder stets notgedrungen geben muss, und, wenn nichts mehr zu ändern ist, sogar das eigene Ende selbst zu akzeptieren – auch dies ist eine Kraft, vielleicht die »letzte Kraft«, über die wir verfügen. Eine Lebenskrise zu bewältigen, das kann im Extremfall nicht nur bedeuten, ein Maximum an Geduld und Leidensfähigkeit zu besitzen, ein

Durchhaltevermögen, bis man endlich das Licht am Ende des Tunnels erkennt, sondern irgendwann auch die Tatsache anzuerkennen, dass es am Ende kein Licht mehr gibt, oder jedenfalls nicht jenes sonnenerfüllter irdischer Tage. Auch dann noch steht uns eine letzte Ressource zur Verfügung: unser Vermögen zur Akzeptanz. Der Mensch ist nicht nur das einzige Lebewesen, das weiß, dass es sterben muss, sondern auch das einzige, das sein Ende akzeptieren kann.

Eine Krise zu akzeptieren, die zum eigenen Ende führt, kann man wohl nur, wenn man in der eigenen Lebenszeit, die hinter einem liegt, einen Sinn erkennt. Dieser rückblickende Sinn kann sein, selber Leben und Liebe geschenkt zu haben, irgendwo und irgendwas gewirkt, für etwas gekämpft zu haben, was das Leben aller schöner, reicher, menschlicher hat werden lassen. Der Sinn in einem endenden Leben kann nicht länger der Sinn einer Aufgabe sein, die sich da einer gestellt hat. Wenn eine Krise zum Tode führt, gibt es irgendwann keinen Sinn mehr in der Zukunft der weniger werdenden Tage, die da noch vor jemanden liegen, jetzt geht es darum, den Sinn des eigenen Lebens im Rückblick zu sehen, in den meisten Fällen den, den Partner, die Kinder, die Familie und Freunde geliebt zu haben.

Die Bereitschaft, den eigenen Lebenssinn eines Tages von der Gegenwart und Zukunft in die Vergangenheit zu legen, ist der Schlüssel zur Akzeptanz des eigenen unvermeidlichen Schicksals. Dazu braucht es Mut, aber einen ganz anderen neuen Mut: Gemeinhin versteht man unter Mut, das Wagnis eines ungleichen Kampfes einzugehen. Manchmal, und wohl öfter als man denkt, kann Mut aber auch das Gegenteil bedeuten: die Kampfhandlungen gegen das

Schicksal, gegen die Folter, gegen den Krebs einzustellen, vom Kampf abzulassen, loszulassen. Loszulassen bedeutet zu akzeptieren, dass die Zeit des Kampfes vorüber ist, dass er nun das falsche Mittel geworden ist, der Krise zu begegnen – weil er jetzt die eigenen Kräfte übersteigt und eher zu noch größerer Schwächung führt. In solchen Situationen beweist gerade derjenige Mut, der das Unabwendbare annimmt statt es zu verleugnen oder zu ignorieren. Mut wird vom Wagnis zu kämpfen zur Fähigkeit, sich fallen zu lassen. Wie schwer das ist, wissen vor allem all jene unerschütterlichen Charaktere unter Schwerstkranken, die bis zuletzt versuchen, die Kontrolle über ihr Leben zu bewahren. In der Akzeptanz- und Commitment-Therapie wird genau solchen Patienten geholfen, indem Therapeuten durch innere Distanzierungsbilder versuchen, diese Menschen dazu zu bringen, die kontrollierenden, aber letztendlich selbstzerstörerischen Gedanken aufzugeben.

Der Mut sich aufzugeben

Armin Schütz war so ein Schwerstkranker, ein Todkranker. Der Journalist und Autor Joachim Faulstich hat seinen Fall in einem wunderbar Mut machenden Buch mit dem Titel »Das heilende Bewusstsein« beschrieben. Schütz hat eine ungewöhnliche Geschichte des Kampfes, aber auch der Akzeptanz durchlebt. Er erkrankte 1991 an Hautkrebs. Ein paar Jahre später hatte der Krebs gestreut. Armin Schütz hatte im ganzen Körper Metastasen, die Ärzte hatten ihn bald aufgegeben. Er habe nicht mehr lange zu leben, wurde ihm eines Tages mehr oder weniger deutlich gesagt. Irgendwann hörte er auf zu kämpfen, er akzeptierte. Er wurde geheilt und ist bis zum heutigen Tag gesund geblieben. »Es gab Situationen während eines Klinikaufenthaltes, als der Krebs sehr massiv weitergewuchert ist, als ich in eine Kapelle gegangen bin, mich ganz allein reingesetzt habe, und einfach so diesen Satz gesagt habe: Ich übergebe Dir jetzt! Ich muss nicht alles im Griff behalten«, erinnert er sich heute, »es gibt eine höhere Macht, die die ganze Natur regelt, aber ich kann auch einen Teil abgeben, einen Teil loslassen. Das war für mich ein sehr befreiender Moment.« Armin Schütz entschloss sich, die ärztlich angeratenen Chemotherapien abzulehnen. Er hörte auf, wie er sagte, ständig gegen eine Wand anzurennen: »Ich habe mir das so vorgestellt, man kommt an eine Wand, diese Krankheit. Diese Wand will man wegschieben, man drückt gegen die Wand, und je länger man das tut, umso weniger weiß man, drückt man selber gegen die Wand oder drückt die Wand gegen einen? Und dann habe ich den Mut gefunden, einfach mal loszulassen, zwei Schritte zurückzutreten und festzustellen, die Wand bleibt ja stehen, die fällt nicht auf mich drauf und erdrückt mich. Dann hatte ich auch die Möglichkeit zu sagen, jetzt guck ich mal nach links und rechts, vielleicht kann ich ja um die Wand herumgehen!« Er hatte den Mut, gegen den Rat seiner Ärzte damals den Weg einer alternativen Heilmethode einzuschlagen. Er ging um die Wand herum. Ein Traum, sagt er, habe ihn dazu ermutigt, diesen anderen Weg zu gehen. Er beschreibt diesen Traum so: »Ich lief an einem Feldweg entlang, und irgendwann kam eine Weggabelung, da ging rechts ein Weg ab, der sehr bequem weiterführte, der recht breit war. Links ging ein Weg steil bergan, es gab da einen Abgrund, eine Stelle, von der aus man ins Tal gucken konnte, ein sehr schmaler, sicherlich beschwerlicher Weg. Für mich war es klar, den schmalen beschwerlichen Weg zu gehen, der mir aber versprochen hat, dass ich eine wundervolle Aussicht habe. Für mich war das eine innere Sicherheit, ich konnte das damals noch gar nicht einordnen oder erklären. Aber für mich war es danach sicher, dass das der richtige Weg sei.«

Mut ist also nicht nur entfesselter Kampfeswillen – sondern oft auch die Bereitschaft, sich in etwas hineinzufügen – freilich nicht immer mit gutem Ausgang. Aber auch wenn alles vorüber zu sein scheint und man das mögliche Ende akzeptiert, gibt es das Phänomen, dass einem Menschen »Schwingen an beiden Schultern« wachsen. So ließ Heinrich von Kleist den Prinzen von Homburg seine Seelenlage ausdrücken, als er zum Tode verurteilt in der letzten Nacht in seiner Zelle seinem eigenen Ende ins Auge sieht – und noch nicht weiß, dass er doch noch begnadigt wird. Das Beispiel von Armin Schütz, wie auch das von Marie Antoinette zeigt ein zweites, verborgenes Gesicht des Mutes. Man kann auch mutig sein, wenn man weiß, dass der Weg, den man wählt, zu keinem guten Ende führt: Dieser Mut ist der Mut zur Akzeptanz des Unabänderlichen, der Mut, das Sterben zu bejahen. »Wir müssen unser Dasein so weit, als es irgend geht, annehmen«, schreibt Rilke, »alles, auch das Unerhörte muss darin möglich sein. Das ist im Grunde der einzige Mut, den man von uns verlangt: mutig zu sein zu dem Seltsamsten, Wunderlichsten und Unaufklärbarsten, das uns begegnen kann.«

Erkenntnisse am Meer

Die hohen, peitschenden, zornig schäumenden Wellen von Lanzarote – der Atlantik um die kanarischen Inseln herum, er kann sehr wütend sein. Drei Monate vor dem Tod meiner damals schon schwer krebskranken Frau sind wir nochmals hierher gefahren. Es war unser letzter Urlaub.

Wir fuhren über die Insel, es war um die Mittagszeit, eine flirrende Hitze lag über der kargen Vulkanlandschaft. Wir fuhren, ohne viel zu reden, über staubige Landstraßen, als meine Frau zur Küste hinüberblickte und dann sagte: »Komm, halt mal an. Lass uns mal versuchen, da drüben an die Felsenküste zu fahren!« Sie wollte sich die Brandung aus nächster Nähe ansehen. Wir stießen bald auf einen sandigen Feldweg, der von einer kleinen Siedlung ans Meer führte. Wir parkten das Auto und folgten dem Weg an die Küste. Gleißendes Sonnenlicht empfing uns hier, aber es wehte zugleich ein kräftiger, frischer Wind, fast ein Sturm, und so stapften wir eingehüllt in dicke Jacken bis direkt ans Meer. Wir ließen uns auf ein paar Steinen nieder. Keine Menschenseele hier. Nie habe ich kraftvollere Wellen gesehen. Wir waren fasziniert von der Wucht der Brandung, von der Naturgewalt.

Wir haben in den tosenden Atlantik gestiert. Minutenlang. Wir waren überwältigt. Ich war auf einmal wie abwesend – und doch hochkonzentriert. Ich empfing eine Botschaft von dieser außergewöhnlichen Szenerie, hatte Momente intensiver Erkenntnis, ohne dabei zu reflektieren – eine Art Erleuchtung.

Die Bewegungen des Wassers, der Wellen, sie schienen

mir an diesem Tag wie das Spiel allen Lebens zu sein. Ein Rhythmus aus Auf und Ab, im Ansteigen und Abschwellen eine wundersame Harmonie bei aller chaotischen Wildheit. Ich starrte in die meterhohen, krachenden Wellen, wie sie an den Felsen aufschlugen, zerspritzten, schäumten und sich wieder zurückzogen. Bald schaffte ich es, einen besonderen Moment herauszupräparieren, die Zeit gewissermaßen für ein paar Augenblicke einzufrieren. Ich erkannte jetzt genau den winzigen Augenblick, in dem es im Auf und Ab der Wellen ein nur kurzes, winzig kleines Intervall des Verweilens am höchsten Punkt des Wellenkamms gab, der sich schon im nächsten Augenblick auflöste, als alles in die Tiefe stürzte, zerrann. Ich erkannte, wie rasend schnell der sich gerade noch aufbäumende Kamm einer Welle zerfloss und das, was für einen Moment wie ein gewaltiger Höhepunkt erschien, im nächsten Moment schon untergegangen, fortgerissen, vergessen war. Mich faszinierte, dass sich jede Welle ganz gleich wie jene zuvor und da vor jener und alle anderen vor jenen zunächst machtvoll auftürmte, aber dann gleichsam in ein Nichts hinunterstürzte, bald nur noch der Talsohle entgegenrollte, bis auch sie gänzlich verschlungen war, ganz genau so wie alle anderen Wellen, die dieser Ozean je hervorgebracht hat, nun auf ewig verschlungen waren und selbst wieder in Ausholbewegungen zu neuen Wellen mündeten, nur Vorbereitung waren zum erneuten Anschwellen und erneutem Zerfall.

Das Meer – immer schon hat es Menschen zu den ganz grundsätzlichen Gedanken über seine Existenz inspiriert. Das ganze Leben ist eine einzige Wellenbewegung. Eine polare Veranstaltung aus Gunstmomenten und Lebenskrisen, aus Niedergang und Gipfelsturm, aus Werden und Vergehen. Beides gehört zum Leben. Ohne das eine das andere nicht. Und wir? Der Mensch ist, wie Odo Marquard geschrieben hat, ein »homo compensator«, ein Wesen, zur Kompensation begabt und fähig. Wo unser Leben aus dem Gleichgewicht geraten ist, suchen wir in unseren inneren Schatzkammern nach Kompensation, nach Entschädigung, nach Linderung, Ausgleich und Wiedererrichtung der verlorenen Balance – am Ende mit Erfolg. Die Lebenskrise, sie ist nur die eine Seite einer Dialektik – und wenn es uns gelingt zu verstehen, dass sich unser gesamtes Leben unter den unaufhebbaren Bedingungen einer Dialektik vollzieht, werden wir bald auch bereit sind, unsere Krisen – und auch die letzte noch – anzunehmen und zu bejahen.

Das Leben hat viel mit dem Meer gemein, es ist selbst ein Wellenspiel, die Geburt, das Erwachsenwerden und dann der Niedergang in der Krankheit, im Alter. Wie die Welle hat auch das Leben eine eigentümliche, alles durchdringende Symmetrie, denn spiegelbildlich zum Aufstieg erfolgt der Abstieg: Was gelernt wird, wird verlernt, was erworben wird, geht verloren, was entstand und wuchs, verendet, vergeht und mündet ein in ein nicht fassbares Neues. Der Streit zwischen den Menschen wie die Liebe, das Gezänk und Geschrei wie die Versöhnung, die Kunst und ihr Können vom Lernen bis zur Meisterschaft und deren Vergehen, schließlich die Erotik und das Einswerden mit dem anderen wie der schmerzliche Abschied von allem Begehren: Alles ist Wellenspiel, indem es sich aufbäumt und vergeht, ohne dass nur ein winziges Steinchen bliebe, das von der Welle unerfasst irgendwelchen Bestand haben würde. Und so ist es auch mit der Natur, der Blüte folgt das Verwelken – und so ist es mit den Jahreszeiten, dem Aufwärts des erwachenden Lebens im Frühling folgt der Abschwung zum Winter hin, so ist es mit dem Schlafen und Wachen, mit dem Leben und dem Sterben. Und stets verblasst alles in der Erinnerung, bis es ganz erloschen ist, entzieht sich wie das Wasser der Welle dem festhaltenden Blick. Nicht nur die Geschichte der Menschheit, sondern auch die Geschichte des Lebens und der Natur, endlich der Weltenlauf und der Lauf des ganzen Universums sind nur noch ein endloses Wellenspiel mit Beginn, Anschwellen und Verebben – und alles ist nicht anders zu erfassen, als wiederum nur als Beginn und Ausholen zu neuem Schwung und neuen Höhepunkten.

Mein Blick fiel auf einen letzten großen Wellenkamm. Das Bild grub sich gleichsam in mein Gedächtnis ein. Oben auf der Welle, das ist Kairos. Das ist der glückliche Moment im Leben. Nur in einem winzigen, von den Göttern geschenkten Augenblick, da uns beide, meine Frau und mich, der Wellenkamm unseres Lebens ganz nach oben führte, in diesem Augenblick, als es galt, beherzt und mutig zuzugreifen, haben sich unsere Hände gefunden.

Vielleicht sollten wir uns inmitten der tiefen Krisen unseres Lebens immer auch an die Kairos-Momente erinnern. Dann wird es uns gelingen, auch die nächste Krise anzunehmen und uns einverstanden zu erklären, mit allem, was immer sie uns bringen mag.

Literaturverzeichnis

Zur Einleitung: Resilienz

Antonovsky, Aaron: Salutogenese: Zur Entmystifizierung der Gesundheit, DGVT-Verlag, Tübingen 1997

Berndt, Christina: Resilienz, Das Geheimnis der psychischen Widerstandskraft, dtv, München 2013

Blumenberg, Hans: Schiffbruch mit Zuschauer. Paradigma einer Daseinsmetapher, Suhrkamp, Frankfurt am Main 1979

Boss, Pauline: Verlust, Trauma und Resilienz. Die therapeutische Arbeit mit dem »uneindeutigen Verlust«, Klett-Cotta, Stuttgart 2008

Cyrulnik, Boris: Die Kraft, die im Unglück liegt. Von unserer Fähigkeit, am Leid zu wachsen, Goldmann, München 2001

Diegelmann, Crista und Isermann, Margarete: Kraft in der Krise. Ressourcen gegen die Angst, Klett-Cotta, Stuttgart 2011

Gruhl, Monika und Körbächer, Hugo: Mit Resilienz leichter durch den Alltag. Das Trainingsbuch, Kreuzverlag, Freiburg 2012

Hansch, Dietmar: Erfolgreich gegen Depression und Angst, Springer-Verlag, Berlin Heidelberg 2011

Werner, Emmy: The Children of Kauai. A longitudinal study from the prenatal period to age ten. University of Hawaii Press 1977

Zum 1. Kapitel: Lebensmut

Auhagen, Ann Elisabeth (Hrsg.): Positive Psychologie. Anleitung zum besseren Leben, Beltz, 2. Aufl. 2008.

Faulstich, Joachim: Das heilende Bewusstsein, Knaur, München 2006

Frankl, Viktor E. (1977): … trotzdem Ja zum Leben sagen. Ein Psychologe erlebt das Konzentrationslager, dtv, München 29. Aufl. 2008

Kast, Verena: Der schöpferische Sprung. Vom therapeutischen Umgang mit Krisen, dtv, München 1989

Koepcke, Juliane: Als ich vom Himmel fiel. Wie mir das Dschungel mein Leben zurückgab, Malik, 8. Aufl. 2011.

Tillich, Paul: Der Mut zum Sein, Hamburg 1965, orig. Titel: »The courage to be«, Yale University Press 1952.

Zweig, Stefan: Heilung durch den Geist, Insel Verlag Leipzig 1931

Zweig, Stefan: Marie Antoinette. Bildnis eines mittleren Charakters, Insel Verlag, Leipzig 1932

Zum 2. Kapitel: Trost und neue Verbundenheit

Erickson, Milton H.: Hypnotherapie. Aufbau – Beispiele – Forschung, Klett-Cotta, Stuttgart, 8. Auflage 2006

Ders.: Die Lehrgeschichten von Milton H. Erickson, iskopress-Verlag, Salzhausen 7. Auflage 2006.

Hecht, Martin: Wahre Freunde. Von der hohen Kunst der Freundschaft, Herder, Freiburg 2014

Kast, Verena: Trauern. Phasen und Chancen des psychischen Prozesses, Kreuz Verlag, Stuttgart 2008

Schultz, Hans-Jürgen: Trennung. Eine Grunderfahrung des menschlichen Lebens, Kreuz-Verlag, Freiburg 1984

Zum 3. Kapitel: Schöne Welt – Natur und Kunst als Ressourcen

Dutton, Denis: The Art Instinct. Beauty, Pleasure and Human Evolution, New York 2009

Franzen, Georg (Hrsg.): Kunst und seelische Gesundheit, Medizinisch-wissenschaftliche Verlagsgesellschaft, Berlin 2009.

Holstein, Andreas: Rezeptive Kunsttherapie, in: Forum 1/2005 Fachzeitschrift des GPK, Schweiz.

Kandel, Eric: Das Zeitalter der Erkenntnis, Siedler-Verlag, München 2012

Leuteritz, Albrecht: Rezeptive Kunsttherapie in Kunst und Therapie: Eine Einführung in Geschichte, Methode und Praxis der Kunsttherapie. 1999

Louv, Richard: Das Prinzip Natur. Grünes Leben im digitalen Zeitalter, Beltz-Verlag, Weinheim 2012.

Pöppel, Sonja: Das therapeutische Potenzial von Kunstrezeption. Laufendes Dissertationsprojekt, Universität zu Köln 2014

Salber, Wilhelm: Kunst – Psychologie – Behandlung, Köln 1999

Ders.: Morphologie des seelischen Geschehens, Bouvier-Verlag Köln 2009

Schuster, Martin: Wodurch Bilder wirken, Psychologie der Kunst, Dumont, Köln, 5. Auflage 2007

Zum 4. Kapitel: Die Kraft der Ruhe

Csíkszentmihályi, Mihaly: Das Flow-Erlebnis. Jenseits von Angst und Langeweile im Tun aufgehen. 8., unv. Aufl. (Übers., Beyond Boredom and Anxiety – The Experience of Play in Work and Games, 1975), Klett, Stuttgart 2000

Grober, Ulrich: Zur rouwe kommen. Das offene Geheimnis der Gelassenheit, in: Psychologie heute, Dezember 2012

Kabat-Zinn, Jon: Gesund durch Meditation. Das große Buch der Selbstheilung, Fischer-Verlag, 5. Auflage 2008

Kast, Verena: Vom Sinn der Angst. Wie sich Ängste festsetzen und sie sich verwandeln lassen, Herder-Verlag, Freiburg 1996

Meister Eckhart: Mystische Schriften, Insel Verlag, Frankfurt am Main 1991

Rinpoche, Sogyal: Das tibetische Buch vom Leben und Sterben, Fischer 8. Aufl. 2010.

Thich, Nhat Hanh (1975): Das Wunder der Achtsamkeit, Theseus, München 2010

Zum 5. Kapitel: Humor – Trotzdem lachen

Berger, Peter L.: Erlösendes Lachen. Das Komische in der menschlichen Erfahrung, de Gruyter, Berlin, New York 1998.

Emmelmann, Christoph: Lach-Yoga. Das Training für mehr Energie, Lebenskraft und Gelassenheit, GU Verlag, München 2010

Frankl, Viktor E.: Das Leiden am sinnlosen Leben, 14. Aufl. der Neuausgabe, Herder, Freiburg i. Br. 1977.

Freud, Sigmund: Der Humor (1927), in: ders., Gesammelte Werke (1948), Band XIV, S. 381–389, Fischer, Frankfurt am Main, Ausgabe 1999

Geier, Manfred: Worüber kluge Menschen lachen. Kleine Philosophie des Humors, Rowohlt, Reinbek 2006.

Kant, Immanuel: Kritik der Urteilskraft. Suhrkamp, Frankfurt, 1. Aufl. 1974

Kienzl, Andreas: Humor trotz Tumor. Besser leben mit Krebs, Ueberreuther, Wien 2006

Pachl-Eberhart, Barbara: Vier minus drei. Wie ich nach dem Verlust meiner Familie zu einem neuen Leben fand, Integral-Verlag, München 10. Auflage 2010.

Plessner, Helmut: Ausdruck und menschliche Natur, Gesammelte Schriften, Bd. 7, Suhrkamp, Frankfurt am Main 2003

Rourke, Constance: American Humor, A Study of the National Character, 1931

Zum 6. Kapitel: Dialektik des Lebens

Honnefelder, Gottfried (Hrsg.): Glück, Erkundigungen, Insel Verlag, Frankfurt am Main 1992

Kushner, Harold S.: Wenn guten Menschen Böses widerfährt, Gütersloher Verlagshaus, 7. Auflage 2001

Rilke, Rainer Maria: Denn Bleiben ist nirgends, Insel Verlag, Frankfurt am Main 2006

Schenk, Herrad: Glück und Schicksal. Wie planbar ist unser Leben? C.H. Beck Verlag, München 2000

Scobel, Gert: Weisheit. Über das, was uns fehlt, DuMont, Köln 2008

Viorst, Judith: Mut zur Trennung. Menschliche Verluste, die das Leben sinnvoll machen, Heyne-Verlag, München 1990